Astrid Lingner

Die Katze mit den eisgrünen Augen

In Liebe und Dankbarkeit, für Else.

Astrid Lingner

Die Katze mit den eisgrünen Augen

Rediroma-Verlag

Bibliografische Information der Deutschen Nationalbibliothek:
Die Deutsche Nationalbibliothek verzeichnet diese Publikation in der Deutschen Nationalbibliografie; detaillierte bibliografische Daten sind im Internet über http://portal.dnb.de abrufbar.

ISBN 978-3-96103-805-3

Umschlagillustration:
taranova oxana (shutterstock.com)

www.rediroma-verlag.de
9,95 Euro (D)

Inhalt

Einleitung

Oma hatte schlechte Laune. Man hört so etwas am Telefon, ebenso, wenn jemand lächelt. „Was ist passiert, Oma?"

Gefasst auf etwas Unangenehmes oder Peinliches, hielt ich vorsichtshalber die Luft an.

„Ist einfach Mist, wenn man alt ist und nichts mehr so funktioniert wie früher einmal!"

Ich atmete aus. Also keine Katastrophe, sondern lediglich gesammelte Altersklagen. Ich würde sie mir in Ruhe anhören und versprechen, am nächsten Sonntag vorbeizukommen. Oma konnte mit ihren Alterseinschränkungen nur schlecht umgehen, zumal sie im Oberstübchen noch total fit war und ihr Locken gerahmtes Köpfchen ständig nach geistiger Nahrung schrie.

„Immer nur fernsehen", maulte sie. „Da bekommt man etwas vorgesetzt, was nicht einmal interessiert und glotzt nur blöd und gelangweilt auf den Bildschirm."

„Na dann lies doch mal wieder, Omachen!"

Sie mochte es, wenn ich sie so nannte

und wusste, das war ein Zeichen meiner herzlichen Zuneigung zu ihr. „Wtzbold!“, konterte sie. „Die sogenannten Taschenbücher sind jetzt so schwer, so dick, dass meine Arthrosehände sie nicht halten können. Für die winzige Schrift brauche ich eine Lupe und wenn ich am Tag nur zehn Seiten einer Handlung von über dreihundert Seiten lese, habe ich am Schluss vergessen, worum es am Anfang geht.“

Dem Kind kann doch geholfen werden, dachte ich und mir fielen umgehend die vielen unveröffentlichten Geschichten ein, die in meinem PC schlummerten. Tja, dieses Gespräch war der Auslöser für das Geschichtenbuch. Überschaubar lange Texte, mal spannend, mal lustig, mal besinnlich, eben alles kreuz und quer, irgendwie ein Überraschungsbuch. Und – nicht zuletzt, alles in besonders großer Schrift.

Übrigens auch eine Idee für Jüngere, die mal eben kurz in eine andere Welt eintauchen möchten, bei einer Tasse Kaffee zum Beispiel.

In diesem Sinne wünsche ich viel Spaß beim Lesen.

Astrid Lingner, Mai 2020

Viele Wege führen in den Abgrund

Marta Mai Volontärin
Obdachloser Justin Jannek Huschl

Sie hatte ihre Zielperson gefunden. Endlich. Mit krummem Rücken, in sich zusammengesunken, saß die heruntergekommene Gestalt auf einer der Parkbänke.

Bisher war Marta zügig gegangen, dabei suchend um sich blickend. Jetzt zögerte sie, blieb stehen, putzte sich die Nase, zupfte sinnlos an ihren Haaren herum, machte zwei weitere Schritte und verharrte erneut.

Ihr war klar, dass sie damit Zeit herausholen wollte. Nur Zeit gewinnen. Alles in ihr bebte vor Unsicherheit. Du meine Güte, wie sollte sie die Sache bloß anfangen?

In der Redaktion hatte sie sich das noch einfach vorgestellt. Und an sich war es das ja wohl auch, nur eben nicht für sie. „Suchen Sie einen Obdachlosen und befragen Sie ihn nach seinen Lebensumständen."

Das war ihr Auftrag.

Allerdings gab es damit ein großes Problem, ihre fast schon pathologische Schüchternheit.

Sie war neu hier in Freudenheim. Ganz neu. Gestern erst hatte sie sich als Volontärin bei einer Tageszeitung vorgestellt und nun fing das Theater wieder an. Die Furcht vor etwas Unbekanntem schnürte ihr fast den Atem ab.

Dabei war sie am Morgen so zuversichtlich die enge, düstere Treppe zu den Büros hochgestiegen, in dem Bewusstsein, dass jetzt ein neuer, wenn auch kurzer Lebensabschnitt begann. Sie war hoch motiviert und nahm sich vor, ihn bestmöglichst zu meistern.

Marta hatte sich mit allem ihr zur Verfügung stehenden Charme vorgestellt, sogar einen Spaß gemacht, als sie sagte: „Hallo, ich bin Marta Mai. Nicht mit y, sondern Mai wie Juni."

Bis hierher war alles gutgegangen, das spürte sie. Aber schon bei der morgendlichen Besprechung drückte sie sich in einen Winkel zwischen Wand und Schreibtisch und wünschte inbrünstig, unsichtbar zu sein. Sie merkte, dass sie gemustert wurde, und sofort stieg dieses lähmende Gefühl von Unsicherheit in ihr hoch. Na klar, man schätzte sie ein. Menschen schätzen sich immer gegenseitig ein, sei es bewusst oder unbewusst. Sicher wie so vieles, ein Überbleibsel aus der Steinzeit.

Wieder einmal zweifelte sie daran, den richtigen Beruf gewählt zu haben. Würde sie diese verdammte Schüchternheit jemals überwinden können?

Wissen, Beobachtungsgabe, sowie ihre spritzige Art zu schreiben, hatten ihr schon manches Lob eingebracht. Recherchen am Computer oder auch am Telefon bedeuteten keine Schwierigkeit für sie. Aber der direkte Kontakt von Mensch zu Mensch ließ sie vor Angst fast Amok laufen. „Wir sollten unbedingt etwas über die Obdachlosen in unserer Stadt bringen“, tönte die Redaktionsleiterin gerade. „Es ist Herbst, bald Winter und im vergangenen Jahr sind zwei Männer und eine Frau in den Parks erfroren. Das ist zwar nicht sonderlich spektakulär, so etwas passiert immer mal wieder, aber nachdem in Müncheberg gerade zwei dieser Leute erschlagen wurden, sind die ...“, sie räusperte sich, „Penner wieder in den Fokus der Leser gerückt."

Marta bewunderte das sprühende Selbstbewusstsein der Sprecherin und wünschte sehnlichst, sich ebenso sicher vor ihren Artgenossen darstellen zu können.

Fragend sah die Redaktionsleiterin in die Gesichter der Redakteure, die zur morgendlichen Besprechung erschienen waren. Seltsamerweise hatte gerade in diesem Moment jeder in seinem Notizkalender oder auf dem Handy etwas nachzusehen. Nur jetzt keinen Blickkontakt!

Nach diesem Auftrag riss sich niemand, denn es gab schon Übergriffe, bei denen sich Redakteure blutige Nasen holten. Solche Pannen blieben natürlich kein Geheimnis. Bei einer Recherche dieser Art brauchte es viel Menschenkenntnis und psychologisches Geschick. Beides setzte man zwar voraus, aber es war eben anstrengender, als über Heimatfeste oder Kaninhoppweltmeisterschaften zu berichten. So etwas schüttelte man sich schließlich anstrengungslos aus dem Jackenärmel.

Auffordernd sah die Chefin Marta Mai an.

„Na, wie wär's, junge Dame? Das ist doch mal ein interessantes Thema. Da können

Sie zeigen, was Sie drauf haben. Herr Hohner wird Ihnen die Plätze nennen, an denen Sie Wohnungslose treffen."

So war es vor nicht einmal zwei Stunden gewesen und jetzt stand sie wenige Schritte von einer Parkbank entfernt, auf der eine verwahrloste, männliche Gestalt hockte, und hatte keine Ahnung, wie sie das Gespräch beginnen sollte.

Marta kaute auf der Unterlippe, räusperte sich, atmete tief durch und schritt dann ungeheuer mutig auf die gekrümmte Gestalt zu. „Hm. Guten Tag."

Der gesenkte Kopf hob sich und ein Gesicht, das fast nur aus Haaren zu bestehen schien, wandte sich Marta zu. „Wat'n los?", brummte das Haarwesen in tiefstem Bass.

Die Panik überfiel sie sofort mit ihren klebrigen Spinnweben und sie ratterte im Eilzugtempo ihren vor dem Spiegel geübten Satz herunter. „Mein Name ist Mai, Marta Mai von der 'Allgemeinen'. Bitte entschuldigen Sie, aber ich arbeite an einem Artikel über Obdachlose, dürfte ich Sie vielleicht … ?"

Die Augen des Haarmannes, gerade noch zu erkennen zwischen all dem Gestrüpp, schienen sich zu verändern und ein gewisses Interesse an ihrer Person auszudrücken. „Frau März, für den Namen müssen Se sich doch nich entschuldigen. Ob Se mia ma dürfen? Aba doch imma! Sowat Schnukkeliget hat mia schon lange nich die mia gebührende Aufmerksamkeit geschenkt. Hick. Wat war noch? Ach, ne Zeitung. Wolln Se eene? Wolln Se die ooch als Unterlage uff de Paakbank?"

Der Fluchtreflex überfiel Marta. Sie drehte sich blitzartig um, hielt inne, zog hörbar die Luft ein, besann sich dann auf ihren Auftrag und wandte sich der Gestalt erneut zu.

„Also wissen Sie, Herr …! Ich, ich glaube ..., ach nee, so geht das überhaupt nicht!"

Sie schüttelte den Kopf, verfluchte ihre Schüchternheit und sah ihm mit riesiger Willensanstrengung direkt in die kleinen Augen. „Na nu, wern Se doch nich ärjerlich! Kommse her, bleiben Se noch n bisschen, setzn Se sich bei mia. Det hört sich doch nett an, so wiese dett sagn. Und wie schüchtern Se sind! Wien kleenet Mächen!"

Er kicherte leise. Das Gesicht verzog sich irgendwie, genau war das unter dem Pelz nicht auszumachen. Sie nahm an, dass er sie angrinste.

Marta knetete ihre Finger. „Na gut, aber bitte reden Sie jetzt vernünftig mit mir, Herr …, ja, wie heißen Sie eigentlich?“

Verdammt! Schon wieder diese Ratlosigkeit. Wo blieb nur alle Theorie in dieser seltsamen Situation. „Wat – icke? Sagn Se mal, wat wolln Se eijentlich? Watn dat forn Benehmn für so ne nette Pason, quatschen n wildfremden Kerl im Park an un fragn ihn jleech nach seinm Namen? Hick. Na jut, aber irjendwie jefalln Se mia. Also – Ede.“

„Bitte? Hm, ist das Ihr Name?“

„Jipp! Ede! Nenn Se mia Ede.“

Fahrig griff Marta in ihre Handtasche, ertastete darin Block und Stift und zerrte die Dinge heraus. Sie hielt sich förmlich daran fest. Den nächsten Satz, den sie ebenfalls vor dem Spiegel geübt hatte, piepste sie vor Aufregung mit hoher Kinderstimme. „Also Herr Ede, darf ich Ihnen nun einige Fragen zu Ihrer sozialen Situation stellen?“

„Herr Ede!“

Der Typ lachte, dass seine Schultern nur so bebten. „Herr Ede! Is det scheen! Mensch, ick kringel mia gleich! Unter uns katholischen Pfarrerssöhnen heiß ick Ede, klar, aba wattn Se ma, ... ick heiß och noch anners."

Irgendwie hatte Marta inzwischen das Gefühl, dass dieser Schmuddel sie veralberte. Sie riss sich noch einmal gewaltig zusammen, holte von irgendwoher noch ein winziges Stückchen Mut und forderte ihn mit fast amtlicher Stimme auf: „Also, Herr Ede, bitte sagen Sie mir doch dann Ihren richtigen Namen,ja?"

„Mach ick doch glatt. Soll mia n Vergnüjen sin. Hauptsache, Se könn dat ooch aussprechen."

Marta hielt Stift und Block schreibbereit. „Ja, ich höre ..."

„Jastnjannkhuschl."

Ratlos sah sie ihn an. „Könnten Sie das bitte noch einmal sagen? Bitte. Ich glaube, ich habe Sie nicht verstanden." „Jastnjannkhuschl. Det is schwer, hab ick doch gleich gesacht. Da hat sich meine liebe Mami, so richtich inne Wortwahl vajriffen. Aba se konnt sich nich entscheiden, wer mein Erzeujer war. War det nu der Justin oder etwa der Jannek? Und deshalb hatse mia so jenannt, hat se zumindest jesacht. Und nu trach ick die janze Vaantwortung von ihre Lebensbeichte mit mia rum.

Aba nennse mia einfach Huschl. Aba, wenns jeht, wo Se doch schon an meine Person so intressiert sind, Herr Huschl."

Marta notierte, nur um etwas zu tun, 'Huschl', steckte Block und Stift in ihre Jackentasche, zog ein Stofftaschentuch daraus hervor und trocknete sich die feuchten Finger darin ab. Sie seufzte tief und konnte sich des Eindrucks nicht erwehren, dass dieser Typ sich gewaltig über sie amüsierte.

„Also Herr Huschl, weshalb sitzen Sie hier auf der Bank?" „Na hörn Se ma, ick frag Ihnen doch och nich, wieso Se hier rumlatschen und fremde Kerle anquatschen. Hamse det nich jelernt nich, dat dat jefährlich sin kann?"

Marta wurde rot.

Eigentlich, so betrachtet, hat er recht, dachte sie. Möglicherweise versteht dieser Mann mein Gerede ja wirklich völlig falsch. Gar nicht auszudenken, was alles in diesem menschenleeren Park passieren könnte.

Die Peinlichkeit der Situation fraß sie fast auf. Sie schaute sich kurz um, weit und breit war niemand zu sehen. Mit einer hastigen Bewegung riss sie Block und Stift wieder aus der Tasche, verhakte sich dabei ganz und gar ungeschickt und ein Jackenknopf flog mit einem leisen „plopp“ auf den Weg. „Ich meine – haben Sie nichts zu tun, keine Arbeit? Was machen Sie den ganzen Tag? Wovon leben Sie ... und wo schlafen Sie eigentlich!“

Der Kerl bebte schon wieder vor Lachen. Dann sah er mit seinen Schlitzaugen zu ihr hoch und sie stellte fest, dass sogar sein Bart vor Freude wackelte. „Na, Meechen, wat wolne Se denn nu zuerst wissen? Wenn ick det richtig kapiert habe, denn, wo ick schlafen tu.“

Er setzte sich plötzlich kerzengerade hin.

Das geschah so ruckartig, dass Marta vor Schreck beide Arme zur Seite riss, um nicht nach hinten zu stolpern. Ein weiterer Knopf verabschiedete sich von ihrer Jacke und hopste unbemerkt in ein dickes Papierknäuel, das neben etlichen Bierbüchsen neben der Bank lag. „Wieso wolln Se wissen, wo ick schlafen tu? Wolln Se mia begleiten? Meechen, Meechen! Wat hat dein Vadder dia bloß beijebracht!“

Marta zerraufte sich die Haare. Ihre Hände

zitterten. Musste sie sich eigentlich hier so fürchterlich demütigen lassen? Weshalb tat sie sich das an? Was war das nur für ein Scheißberuf! Unsicherheit, Versagensangst und Scham brachten ihre Tränen zum Fließen, die nun auf Bahnen dunkler Wimperntusche über ihr Gesicht kullerten.

„Na Kleene nu heul doch nich. War doch nich so jemeint von mia. Komm, nimm n Schluck aus de Buttel un denn sollste ma sehn, jeht die Sonne jleich wieda uff."

Er erhob sich und mit Entsetzen bemerkte Marta, dass der Mensch sie um mindestens eine Haupteslänge überragte. Oh Gott! Was könnte bei diesem riesigen, kräftigen Kerl in diesem einsamen Park alles mit ihr geschehen …! Er griff in eine unergründlich tiefe Jackentasche, zog daraus eine Flasche hervor und reichte sie ihr.

Jetzt war ihr schon fast alles egal. Sie nahm die knapp halbvolle Schnapsflasche und trank einen großen Schluck daraus. Sonst nur Tee oder Wasser gewohnt, spürte sie umgehend eine angenehme Wärme und einen leichten Schwindel. Sie lächelte unter Tränen, betupfte mit dem Taschentuch die Wangen, verschmierte dabei die zerflossene Schminke noch mehr und murmelte: „Danke, Herr Huschl."

MIt jammervollem Blick sah sie dorthin, wo sie seine Augen vermutete. Wie ein rasender Film lief die Peinlichkeit dieses missglückten Interviews in ihrem Kopf ab. Kurz entschlossen riss sie ihm die Flasche aus der Hand und trank sie in einem Zug leer. „Sie hatten recht, jetzt geht's mir tatsächlich besser", nuschelte sie, knöpfte langsam den letzten verbliebenen Knopf in ein Knopfloch, wobei es unwichtig war, dass sie sich dabei um zwei Löcher irrte, öffnete ihre Handtasche, legte achtsam die Flasche obendrauf und winkte ab. Ja, jetzt würde sie die Sache zu Ende bringen. Jetzt! Genau jetzt. Ihr Geist ritt auf einer Monsterwelle von Alkohol-Mut.

Voller Tatendrang wandte sie sich dem riesigen Menschen zu – der jedoch gerade mit langen Schritten den Schauplatz der Tragödie verließ.

Nee, so geht das aber nicht, dachte sie, ich bin doch noch gar nicht fertig mit dir! Warte mal!

Sie wollte ihm hinterher rennen, aber seltsamerweise hatten ihre Beine etwas anderes vor. Das rechte verhäkelte sich hinter dem linken, Marta strauchelte, kniete plötzlich mitten auf dem Weg und brüllte: „Herr Ede, Huschl, Husch-Ede!"

Dann war die Gestalt hinter Sträuchern verschwunden.

Oh wie jämmerlich fühlte sie sich. „Ich hab versagt", murmelte sie, „total versagt."

Mit vernebeltem Blick stellte sie fest, dass sie auf dem Boden kniete. Das erschien ihr eigenartig. Mit größter Willensanstrengung, sich auf der Bank abstützend, gewann sie an Höhe und ließ sich auf die Parkbank fallen.

Es tat so gut, sich auszustrecken.

Von links hörte sie Stimmen. Sie schloss die Augen. Nur jetzt niemanden sehen. Ein Mann und eine Frau unterhielten sich, kamen auf sie zu. Marta wagte nicht, in die Richtung zu blicken, und stellte sich schlafend.

Dann hörte sie: „Ist das nicht traurig, Heinz Erwin, sieh doch nur! Sie schläft auf der Parkbank und wie das Mädchen aussieht, so verheult und die Jacke erstmal!"

„Komm", sagte der Mann, „die ist sternhagelvoll! Guck mal, die Pulle in der Tasche. Und da, die Bierbüchsen neben der Bank, wer weiß, was die noch alles so weggehauen hat."

Todunglücklich blinzelte Marta den beiden hinterher. Sie war fertig mit der Welt. Als es einige Male unmittelbar vor ihr blitzte, träumte sie von einem fürchterlichen Gewitter, von dem sie während einer Bootstour überrascht wurde.

An diesem Tag ging sie nicht mehr in die Redaktion.

Die Dienstberatung am nächsten Morgen sollte sie ein Leben lang in Erinnerung behalten.

Die Redaktionsleiterin hielt das Konkurrenzblatt hoch, als sie das Büro betrat. „Hier!", rief sie zornig. „Hier! Eine Großaufnahme! Ein langer Artikel! Die waren mal wieder schneller! Hab ich doch gesagt, dass das ein Thema ist! Eine Streunerin! Noch ganz jung! Gucken Sie sich das an! Was für eine jammervolle Gestalt! Besoffen und das schon am Vormittag! Pennt auf der Parkbank!"

Sie wandte sich Marta zu: „Sowas, genau so etwas hätte ich mir von Ihnen erhofft! Und dabei, wenn man genau hinsieht, hat dieses alkoholdurchweichte Mädchen auch noch entfernt Ähnlichkeit mit Ihnen!“

Nach diesem Tag wechselte Marta Mai ihren Beruf. Sie wurde Bio-Bäuerin.

Es ist nicht das, was du denkst ...

Wirklich in allerletzter Minute hatte Leo, der kleine schmächtige Mann, die öffentliche Toilette geortet. Hoffnungsfroh raste er zur Tür, ließ die Hosen herunter und fiel mit einem tiefen Seufzer der Erleichterung auf's Klo.

Kaum saß er, da riss ihn eine dröhnende Männerstimme, die aus der Nebenkabine kam, wieder hoch. „Hey hallo! Na, wie geht's dir denn so?"

Leo empfand diese Art der Begrüßung an einem solchen Ort als sehr unpassend. Er zwang sich jedoch zur Höflichkeit und antwortete unsicher: „Auch hallo. Wie soll's mir schon gehen?"

Die fremde Stimme ließ sich nicht beirren: „Sag mal, was machst'n gerade?"

Diese Frage betrachtete Leo als unverschämte Einmischung in intimste menschliche Bereiche. Er legte Zorn und Ablehnung in seine Stimme. „Was geht's dich an!", grollte er.

Mister X schien das äußerst lustig zu finden, denn er lachte. Was heißt lachen, er grölte vor Begeisterung. Und das in einer solchen Lautstärke, dass Leo zu der Vermutung kam, nebenan sitze ein Wrestling Kämpfer auf dem Klo. Das stimmte ihn nachdenklich und er beschloss, dann doch lieber höflich zu bleiben und weiterhin gemäßigt zu antworten. „Na du bist ja vielleicht heute einsilbig“, hörte er. „Haste etwa schlechte Laune? Sag doch mal was. Schließlich wohnen wir Wand an Wand und ich kann dich förmlich vor meinem geistigen Auge sehen.“

Entsetzt rückte Leo, so weit es ging, von der Nebenkabine ab und blickte besorgt nach oben, ob da jemand über die Trennwand sähe. Seine Stimme klang genervt, als er sich zu einer Antwort zwang: „ Auch wenn wir für ein paar Minuten eine Schicksalsgemeinschaft bilden, liebe ich solche Anmache gar nicht.“ „Ach, Mäuschen ...“, hörte er seinen Nachbarn schmachten, „nun hab dich doch nicht so. Könntest du dir vorstellen, heute mit mir einen Kuschelabend zu verbringen? Ich komm jetzt sofort zu dir rum. Alles klar? Absagen gilt nicht.“

Das war zu viel! Gehetzt blickte Leo um sich, zerrte voller Entsetzen die Hosen hoch, drückte die Tür auf und hörte: „Mäuschen, hier sitzt son Dussel aufm Klo, der versucht, mir ein Gespräch aufzudrängeln. Wart mal n Moment, ich muss das grad klären."

Leos Hand zitterte so sehr, dass es ihm unmöglich war, den Hosenknopf zu schließen. Jetzt war ihm klar, dass er sich ungefragt in ein Handygespräch eingemischt hatte und er wollte nur noch weg. Er erwartete, dass sich sofort die Tür öffnen und ein gewaltiger Kerl voller Wut herausschießen würde.

Stattdessen ließ ein furchtbarer Schrei das Gemäuer erzittern. „O Gooootts! Hilfee! Mutttiii!"

Leo schlotterten die Knie. Was war das?

Er ließ Hose, Hose sein und warf sich mit der Kraft der Verzweiflung und seiner Schulter gegen die Tür der Nebenkabine, die zum Glück unverschlossen war. Sie knallte gegen die Innenwand, Leo ebenfalls. Die Hose fiel auf seine Füße.

Egal. Hier war ein Menschenleben in höchster Gefahr!

Der Wrestler stand zitternd und hosenlos auf dem Klodeckel und zeigte auf etwas

Dunkles vor dem Toilettenbecken. „Da, da“, flüsterte er und seine Zähne klackerten in grauenvoller Furcht aufeinander.

Leo senkte den Blick und erspähte eine dicke schwarze Spinne, die gemächlich in die Nebenkabine krabbelte.

Die Männer sahen sich an. Der kleine Leo blickte lächelnd zu dem zwei-Meter-Mann empor, der noch immer zitternd auf dem Klo verharrte.

In diesem Moment öffnete sich die Außentür. Ein Mann suchte in diesem Häuschen seinen Frieden wiederzufinden. Was er sah, ließ jedoch für einen Augenblick seinen Atem stocken. Dann knallte er die Tür zu und rannte aufschreiend in Richtung Bahnhof davon.

Die Gratulation

Nacht.
Die Stadt ist blind vom Nebel.
Nasse Schleier wabern durch menschenleere Gassen.
Irgendwo schlägt eine Turmuhr.
Dumpfes Bellen in der Ferne.
Schritte hasten heran – und entfernen sich.
Ich schließe das Fenster.
Mein Herz pocht.
Gedanken quälen.
Ahnungen überfallen mich.
Die Holztreppe knarrt ...
Langsam bewegt sich der Türgriff ...
Entsetzen.
Film, Traum oder Wirklichkeit?
Die Tür öffnet sich in Zeitlupe.
Eine Hand umfasst das Türblatt.
Sie ist schwarz.
Angst würgt mich. Ich schreie ...!
„Na nun hab dich mal nicht so, ich komme doch nur zum Gratulieren", knurrt eine harte Stimme. „Es ist drei Minuten nach Mitternacht und du hast heute Geburtstag. Alles Gute für dich, mein Engelchen!"

So mancher schöne Schein überdeckt ein dreckiges Sein

Es war einmal ein wunderschöner Holzfußboden.
Er bestand aus dunklen, sehr sorgfältig aneinander gefügten Dielen und in seiner Mitte konnte man ein herrliches Rosenmuster aus verschiedenfarbigen edlen Hölzern bewundern. Dieser Fußboden war der ganze ungeteilte Stolz der Hausfrau. Niemand hätte es jemals gewagt, auf diese kostbare Intarsienarbeit einen Fuß zu setzen, ein Möbelstück zu stellen oder sogar einen Teppich zu legen. Die reinste Sünde wäre ein solches Vorgehen gewesen!

Die Frau des Hauses, in dem die seltene Kostbarkeit zu finden war, pflegte und hegte dieselbe. Täglich wurde der Staub davon entfernt und das Holz sorgfältigst mit einem weichen Tuch blank gerieben. Kein anderer Fußboden in diesem Haus hatte je eine so liebevolle Pflege erfahren. Aber es war ja auch kein anderer so bemerkenswert schön.

Kam ein Besucher, führte ihn die stolze

Hausfrau zuerst zum Zimmer mit dem Rosenmuster.

„Nein! Ist das ein wunderschöner Fußboden!", rief ein jeder entzückt aus, aber sogleich geleitete die Frau den Gast in das unscheinbare Nebenzimmer, denn nichts auf der Welt wäre ihr verwerflicher vorgekommen, als wenn jemand seinen Fuß auf das Juwel gesetzt hätte.

So gingen die Jahre ins Land.

Der wunderschöne Fußboden wurde durch die intensive Pflege immer leuchtender und schöner, aber die Hausfrau begann zu kränkeln. Sie wurde dünn, hustete und die Haare fielen ihr aus.

Bald ging es ihr so schlecht, dass sie stundenlang in einem Sessel im Nebenzimmer sitzen und sich schonen musste. Da saß sie nun, rang verzweifelt die Hände wegen ihrer Hinfälligkeit und schaute verliebt auf das Rosenmuster.

Zuweilen las sie in einem Buch, aber bald wurden auch ihre Augen schlechter und sie begnügte sich nun damit, zu sitzen und von dem wunderschönen Fußboden zu träumen.

Niemand, auch nicht der herbeigerufenen

Arzt, konnte sich den Grund der rätselhaften Krankheit, von der die Hausfrau befallen war, erklären.

Da sie immer schwächer wurde, war ihr auch bald das tägliche Staubwischen auf der Intarsienarbeit zu beschwerlich und schließlich musste sie es ganz unterlassen.

Sie bemerkte daher nicht, dass sich die Konturen der kostbaren Hölzer eigenartig abzuzeichnen begannen. Der Ehemann stellte das Phänomen zuerst fest. Das wird der Staub sein, dachte er.

Aber ich werde mich hüten, das Putztheater meiner Frau weiterzuführen. Wichtiger ist, dass das Nebenzimmer, in dem sie sich aufhält, in Ordnung ist. Sie kann ohnehin kaum noch sehen, also wird sie nicht bemerken, dass das Rosenmuster verstaubt ist.

Gedacht, getan.

Die Kranke saß derweil im Nebenzimmer, blickte mit getrübtem Blick in die Richtung der Intarsienarbeit und träumte von ihrer unvergleichlichen Pracht.

Eines Tages kam der Doktor wieder vorbei. Zufällig schaute er in das Zimmer mit der Kostbarkeit und stellte ebenfalls fest, dass die Konturen des wunderschönen Fußbodens seltsam nachgezeichnet wirkten. Erstaunt ging er darauf zu. Grell schrie die nun schon fast erblindete Frau auf: „Aber, um Himmels willen, nicht auf das wunderschöne Rosenmuster treten!“

Der Arzt stutzte, ging noch näher heran und wandte sich dann mit leiser Stimme an den Ehemann: „Ich befürchte, dass sich unter diesem Zimmer Schimmel gebildet hat und dass das die Ursache der Erkrankung der Hausfrau ist.“

„Schimmel?“, kreischte die Frau, die die geflüsterten Worte verstanden hatte. „Unter meinem wunderschönen Fußboden Schimmel? Das kann ja überhaupt nicht sein! So etwas Schönes schimmelt nicht!“

„Reißen Sie die Intarsien heraus und dann werden Sie sehen, was darunter los ist“, donnerte der Arzt.

Verstört machte sich der Ehemann am nächsten Tag an die Arbeit. Er stemmte und schwitzte und sein Weib jammerte und flehte.

Aber es half nichts. Die schönste und größte der Rosen fiel dem Meißel zum Opfer. Kaum hatte der Mann die wunderschöne Blüte herausgerissen, schoss ihm der übelste Gestank in die Nase und eine weißgraue, schmierige Masse quoll ihm entgegen.

Entsetzt wich er zurück.

„Wir müssen den gesamten wunderschönen Fußboden herausreißen", rief er fassungslos. „Er ist unter seiner Oberfläche durch und durch verschimmelt!"

Nichts gab er auf das Heulen seiner Frau.

„Wärst du nicht so eitel gewesen und hättest jeden Tag die Schimmelsporen vom Boden gewischt, um mit dem Rosenmuster anzugeben, könntest du heute noch gesund sein. Aber so hat dich die wunderschöne Holzarbeit vergiftet."

„Ja, ja", nickte der kluge Arzt,

„so mancher schöne Schein überdeckt ein dreckiges Sein!"

Die Liebe seines Lebens

In der Nacht hatte es geschneit. Nicht sehr viel, aber es war kalt genug, dass der Schnee liegen blieb. Grau und weiß überall. Ein Garten wie aus der Zuckerbäckerei.

Der alte Mann im Rollstuhl blickte mürrisch aus dem Fenster. Nichts lag ihm ferner, als sich an der weißen Verzauberung zu freuen. Freuen? Was war das? Sogar das Wort wäre ihm fremd gewesen.

Missmutig strich er sich eine lange Haarsträhne aus der Stirn. Schwarz war sie. Ein Stück künstlich erzeugter Jugendlichkeit, die ihm jedoch niemand abnahm, denn sein Gesicht war aufgedunsen und grau.

Nun kratzte er sich ausgiebig im Nacken und am Bauch, gähnte laut dabei und riss den Mund so weit auf, wie es überhaupt nur möglich war. Dann zog er geräuschvoll den Schleim aus seinen Bronchien und spuckte ihn in den Blumentopf einer Yucca-Palme. „Himmel! Willi, du altes Ferkel!“, kreischte es hinter ihm. „Ich hab dir doch schon tausendmal gesagt, dass das ne Riesensauerei ist. Sag doch nen Ton und ich bring dir den Spucknapf!“

Die Frau am Ende des großen Raumes, im rosa Morgenmantel und mit himmelblauen Lockenwicklern im Haar drohte ihm. Aber es wirkte nur lächerlich, wie ihr dürrer Arm durch die Luft flatterte, begleitet vom Klirren zahlreicher silberfarbener Armreifen.

Er griff in die Speichen des Rollstuhls, drehte ihn und sah sie aufmerksam an. „Ach, hör auf zu gackern, Lilly. Hat eben jeder seine Macken in unserm Alter.“ Er grinste. „Übrigens warst du auch schon mal schöner, altes Haus. Hätte eigentlich nie gedacht, dass ich es so lange mit dir aushalten würde.“

„Aushalten? Du mit mir? Du altes Vieh! Ich hab es wohl mit dir ausgehalten. Kaum noch Beine unterm Hintern, n Arsch, der vom Sitzen immer fetter wird ... Na ja, aber singen und quatschen kannste wenigstens noch. Damit muss sich ne alte Frau wohl zufrieden geben. Aber ich will mich nicht aufregen, ich mach jetzt Frühstück. Amüsier dich noch am Fenster und zähl die Spatzen!“

Er drehte sich tatsächlich zurück. Du meine Güte, dachte er, seit zwanzig Jahren das gleiche Spiel. Seit zwanzig Jahren die gleichen Sprüche. Zwanzig Jahre lang der gleiche Tagesbeginn. Wie kann man das nur ertragen!

Sein Blick fiel auf das Tablett auf der Fensterbank. Ganz gegen seine sonstige Gewohnheit herrschte hier peinliche Ordnung. Alles, was zur Behandlung seines Diabetes gehörte, lag da fein säuberlich nach Wichtigkeit und Gebrauchshäufigkeit sortiert. Links das Blutzucker-Messgerät, Reinigungstücher für die Fingerspitzen, dann ein Kasten mit Einwegspritzen, eine Packung Insulinpatronen und Traubenzucker. Das leuchtend orangene Notfallbesteck befand sich unter diesen wie auf einer Linie aufgereihten Dingen.

Er hatte sich mit der Krankheit beschäftigt, wie nicht viele in seinem Alter. Da wusste er Bescheid. Bestens. Wenn Lilly über seine Pingeligkeit spottete, sagte er nur: „Halt die Klappe, Alte. Du hast keine Ahnung, also schweig."

Er griff zum Messgerät, benutzte es und nickte.

Nachdem er die Spritze zurechtgemacht hatte, schob er das Hemd hoch und spritzte sich das Insulin in eine Speckfalte seines Bauches. Die Spritze behielt er in der Hand, als wäge er sie. Seine obere Zahnreihe kaute auf der Unterlippe. „Du könntest mich von allem Übel befreien“, murmelte er und schielte aus den Augenwinkeln in Richtung rosa Morgenmantel.

Lilly, seine Haushälterin und frühere Partnerin im Varieté, summte einen alten Schlager und ging mit wiegenden Hüften im Wohnzimmer umher, um die eine oder andere Kleinigkeit zu richten. Als sie sah, dass Willi sich mit seiner Spritze beschäftigte, nickte sie zustimmend und verschwand in der Küche. Sie zündete den Gasherd an, stellte die Pfanne auf die Flamme, schlug vier Eier in das siedende Fett und wartete darauf, dass die Spiegeleier durch waren. Dann hängte sie Teebeutel in zwei Becher, goss kochendes Wasser darauf und stellte Teller und Becher auf den Tisch. Der Toaster spie Brotscheiben aus, sie legte neue ein und der Tag konnte beginnen.

Aber zuerst ging sie ins Bad, an den Spiegel. Sie zog die Wickler heraus und begutachtete dabei ihr Gesicht. Recht hat er, dachte sie, ich sehe aus, wie‘n alter Geier.

Viel Zeit bleibt mir nicht mehr. Und Zeit verändert alles; den Körper, die Gedanken, die Gefühle.

Sie schüttelte den Kopf und grinste sich an. Diese abgetakelte Alte im Spiegel war als Sängerin und Akrobatin einst mächtig begehrt und stand auf Bühnen, von denen die Castingküken von heute nur träumen können. Bah!

Wehmütig strich sie sich über's Gesicht.

Aber es war nicht ihr Ding, mit trübsinnigen Betrachtungen den Tag zu beginnen. Sie würde eine dicke Schicht Make-up auftragen, die Falten zuspachteln, wie Willi immer höhnte und mit Farbe und Geschick aus sich eine halbwegs ansehbare Alte machen.

Sie wusch sich nur flüchtig, sprühte sich dafür eine beachtliche Menge Parfüm an den Körper und hängte sich trotz der Kühle in der Wohnung, lediglich einen grellbunten, viel zu weiten Kaftan über die dürre Gestalt.

Jetzt war ihr zum Singen zumute. Sie fühlte sich gut. Ja, richtig gut ging es ihr heute. Sie tänzelte zurück in die Küche und rief: „Willi, kannst kommen, aber rotz dich vorher aus, dein Napf steht hinter dir. Beim

Frühstück will ich das nicht haben!“

Er knurrte, zog eine Grimasse und streckte ihr die Zunge raus. „Kannste nicht mal was Nettes zu mir sagen, du rostiges Geschoss? Weißte noch, wie du mir früher um den Hals gefallen bist, wenn wir so richtig gut gewesen waren und der Saal tobte? Ach, Lillymaus, das waren Zeiten, was?“

„Ja, da warste ja auch noch‘n Mann. Hast sogar gut ausgesehen. Guck dich doch mal an, waste heute bist!“

„Na, schöner bist du ja auch nich gerade geworden“, grunzte er. „Und kannst ja mal versuchen, ob du noch auf meine Schultern kommst und dann mit deiner herrlichen“, er keuchte und verschluckte sich vor Lachen, „mit deiner herrlichen Stimme n Liedchen trällerst. Ach, komm her, Alte, is gar nicht so schlecht, wenn du ab und zu mal hier bei mir schläfst.“

Mit anzüglichem Grinsen musterte er ihre klapperige Figur. „Wenigstens gibt‘s dann pünktlich was zu essen. Wenn du in deiner Wohnung pennst, biste mir immer viel zu spät ran. Eh du hier angehumpelt kommst ... Naja, n altes Ross ist eben kein Rennpferd mehr.“

Er grinste breit und setzte hinzu: „Da kann man nur noch sagen, ab zur Notschlachtung!“

Er rollte sich an den Küchentisch, wartete gar nicht erst ab, bis sie auch so weit war und begann, sich die Butter dick auf den Toast zu schmieren.

Lilly belud ein Tablett mit Wurst, Käse und Tomatensaft, kam aber schlecht an Willis Rollstuhl vorbei und schubste ihn etwas mit ihrer knochigen Hüfte. „Biste krank?“, schrie der Alte. „Ich hab mir fast die Gabel in den Hals gestochen! Pass doch auf, du Untier!“

Die Alte stellte ihr Tablett ab, legte sich zwei Toastscheiben zurecht und blickte ihren früheren Varietépartner lange an. „Ich weiß gar nicht, weshalb ich mir das mit dir eigentlich noch antue“, murmelte sie nach einer Weile, in der der Alte ungeniert schmatzte, sabberte und rülpste.

Trotz seiner Geräusche hatte er diesen Satz aber gut vernommen. „Weshalb du dir das antust? Kann ich dir sagen, du alte Vettel! Weil du scharf auf mein Geld bist.“

Er kicherte vor sich hin und schlang weiter sein Frühstück in sich hinein. „Dein Geld. Wenn du mich richtig bezahlen würdest, wäre davon schon lange nichts mehr da."

Jetzt flüsterte sie und blickte ihn einen kurzen Augenblick lang voller Hass an. „Ach, Lillymaus, du weißt doch, alte Liebe rostet nicht. Uns verbindet doch wohl mehr, als das bisschen Geknutsche von vor fünfzig Jahren, oder? Du hast doch hoffentlich nicht die paar kleinen Handgriffe vergessen, die deinem lieben Gatten einen Platz im Himmel verschafft haben?"

Er schnaufte laut vor Vergnügen und schnalzte mit der Zunge. „Man gut, dass dein Alter n Hochseilartist war und kein Bodenakrobat, das wäre ne Kleinigkeit schwieriger gewesen."

„Hör auf damit, Willi! Lass

das doch endlich! Das ist fast fünfzig Jahre her und ich habe weiß Gott, dafür bezahlt", stöhnte sie.

„Dafür verbindet uns jetzt", fuhr sie resigniert fort, „dass ich dich zum Klo bringe, dass ich dir den Hintern wasche, dass ich mich um deine dreckigen Klamotten kümmere und mich ohne Ende von dir ausnutzen lasse. Und das seit deinem Unfall, als du Blödmann besoffen in den Orchestergraben gesprungen bist. Zwanzig Jahre

Willi, zwanzig Jahre ist das her!“

„Mir macht das nichts aus“, kicherte er schon wieder. „Ich meine, das mit dem Hintern waschen und den Dreckklamotten. Und dir sollte das auch nichts ausmachen, denn wenn ich mal nicht mehr bin, kriegste mein Hinterteil in Gold aufgewogen. Na, ist das n Tausch?“

„Ha! 'Wenn', immer nur 'wenn'! 'Wenn' du mal nicht mehr bist, krieg ich dein Geld. 'Wenn'! 'Wenn' nicht vor zwei Wochen diese Frau hier aufgetaucht wäre und behauptet hätte, sie sei deine Tochter. 'Wenn' sie es aber nicht is? He, Willi? 'Wenn' sie nur abkassiern will? Oder – was wird dann aus mir, 'wenn' sie es ist?“

Er ignorierte ihr Gegreine. Ungeschickt titschte er sein Brot in den verkrümelten Tee und kümmerte sich nicht darum, dass sein Platz mit einer Mischung aus Tee und aufgeweichtem Brot aussah wie ein Nahkampfgebiet. Um sie zu ärgern, sabberte er noch mehr.

Und sie ahnte nicht, dass ihre Bemerkung ihr Todesurteil war. In diesem Moment sah er vor seinem geistigen Auge, wie er ihr die Spritze in den knochigen Arm drückte, nachdem er kurz zuvor das Notfallbesteck beiseite geschafft hatte.

Er packte den letzten Happen Ei mit der Gabel, stopfte sich ein Stück aus dem Mund hängendes aufgeweichtes Brot mit den Fingern hinterher, rülpste laut und sah Lilly auffordernd an. „Biste noch nicht fertig, altes Ross? Na komm schon, mach mich stadtfein!“

Den Einstich bemerkte er nicht. Verwundert stellte er nach einigen Minuten fest, dass er nicht richtig sehen konnte. Dann verwischten auch diese unscharfen Konturen und lösten sich in einem milchigen Weiß auf.

Lilly hatte längst die Spritze in eine Tasche ihres weiten Kaftans gleiten lassen. Sie setzte sich in das Wohnzimmer und las in aller Ruhe, mit einem Lächeln im Gesicht, die Morgenzeitung. Als es nebenan polterte, sah sie nicht einmal hoch. Nach einiger Zeit legte sie sich wieder ins Bett und beschloss, noch ein Stündchen zu schlafen. Und sie schlief.

Als sie um die Mittagszeit erwachte, erblickte sie den aus dem Rollstuhl gerutschten Willi. Dieser Anblick löste nun doch einen echten Schrecken bei ihr aus. Sie schluchzte hysterisch und tappte zum Telefon.

In der Zeitung las man:

Am 3. August 2011 verstarb mein lieber langjähriger Kollege und Freund, der Künstler Willi Friedemann.

Er wurde 79 Jahre alt.

Es trauert unsagbar um ihn Lilly, die er die Liebe seines Lebens nannte.

Der unsichtbare Rausschmeißer

Gestern klingelte das Telefon und eine sympathische Männerstimme überzeugte mich innerhalb von drei Minuten, dass es für mich von existenzieller Wichtigkeit sei, meine Versicherungen zu aktualisieren. Der Mann, zu dem die Stimme gehörte, würde das sehr gern für mich regeln.

Eigentlich empfinde ich solche Anrufe als lästig. Da ich mir aber sage, am anderen Ende der Strippe sitzen auch nur Menschen, die ihren Job machen, lasse ich den Anrufer wenigstens den Grund seiner Kontaktaufnahme aussprechen. Dann ist noch immer Zeit, das Gespräch höflich zu beenden.

In diesem Fall war meine Höflichkeit aber ein Fehler. Schließlich leben Versicherungsvertreter davon, Leute zu überreden. Aus kurzem Zuhören wurde ruckzuck eine Verabredung, und ich kannte mich selbst nicht wieder, als ich zwanzig Minuten vor dem angekündigten Erscheinen des Herrn Schlau, so hieß er tatsächlich, begann, mit Kaffee und Filtertüte zu hantieren.

Wenn ich aber jemanden in mein Haus lasse, von dem ich erwarten darf, dass er gute Manieren zu schätzen weiß, möchte ich mich natürlich auch hausfrauenmäßig von meiner Schokoladenseite zeigen. Und deshalb begann das ganze Theater eigentlich schon Stunden vorher.

Ich entdeckte plötzlich auf unserem Wohnzimmertisch Flecken. Die waren mir vorher noch gar nicht so aufgefallen. Ein fleckiger Holztisch. Igitt! Aber einige Jahre Dauerdienst hinterlassen schließlich Spuren. Und da es noch früh genug war, diese zu beseitigen, entschloss ich mich spontan zu einem Arbeitseinsatz mit Möbelpolitur und einem ausgedienten Unterhemd. Und siehe da, Minuten später wirkte der Tisch im wahrsten Sinne aufpoliert.

Das von Omichen geerbte gute Blümchenkaffeegeschirr brachte die gemaserte Tischplatte darunter optimal zur Geltung.

Als Tüpfelchen meiner Tischgestaltung wählte ich ein weißes Zierdeckchen mit einer breiten, roten Häkelborte aus echter Handarbeit. Ich legte das Deckchen hinten links auf den Tisch, stellte einen weißen Kerzenleuchter mit Goldrändern darauf und versah ihn mit einer weißen Kerze, die ringsum mit kleinen goldenen Herzchen verziert war. Der Tisch wirkte gediegen und festlich.

Ein kritischer Blick durch den Raum, ich war zufrieden. Er strahlte einen gepflegten Wohlstand aus.

Nach dem Motto, zeige mir deine Wohnung und ich sage dir, was du bist, hoffte ich, in den Gedanken des Herrn Schlau eine gewisse Wertschätzung zu erfahren.

Mein Vater allerdings, ein chronischer Brubbelkopf, verstand die Welt nicht mehr, als er mich bei diesen Handlungen beobachtete. „Was lässt du dich überhaupt auf so etwas ein! Wir sind ausreichend versichert. Alles Weitere ist rausgeschmissenes Geld“, brummte er misslaunig, nahm sich dabei den größten Keks vom Teller und begann, ihn beim demonstrativen Verlassen der Wohnung zu essen.

Wütend starrte ich auf die Menge beigefarbener Krümel, die wie Sternchen auf dem blauen Teppichboden leuchteten.

Es klingelte.

Mein gesamtes Ich veränderte sich augenblicklich. Ich lächelte, legte meinen ausgelatschten Hausfrauengang ab und sprang jugendlich, elastisch, die Stufen zur Haustür hinunter.

Vor mir stand, wie sollte es auch anders sein, ein junger, vom Erfolg gezeichneter Mann, dessen herausragendstes Merkmal ein silbergrauer Maßanzug war. Darüber entdeckte ich ein charmantes Lächeln und, noch höher, sorgfältig gescheitelte Haare.

Ach du meine Güte! Was für ne Verkleidung! Als ich mir meine Jungs so vorstellte, bekam ich ne Gänsehaut.

Diese bewusst seriöse Aufmachung scheint aber wohl die Berufsbekleidung all derer zu sein, die mit Geld ihr Geld verdienen. Möglicherweise soll so ein Aussehen ja Vertrauen wecken, aber mich macht es eher misstrauisch. Darin bin ich ganz wie mein Vater, der oft sagt: „In einen Anzug kannste jeden Gauner stecken, deshalb wird er noch lange kein feiner Mann!“

Diese Gedanken durchsausten meine Hirnwindungen, während mein Lächeln damit kämpfte, sie zu verbergen.

Die meines Gegenüber mochten ähnlich abwegig und nicht seinem Gesichtsausdruck entsprechend sein, als er mir strahlend, fast so, als hätte ich ihm gerade ein riesengroßes Geschenk gemacht, die manikürte Hand zur Begrüßung reichte und dann die meinige herzlich drückte. Gepflegt artikulierte er, wie unendlich er sich darüber freue, mir einen Besuch abstatten zu dürfen.

Mit sehr gemischten Gefühlen drückte ich zurück und sah dabei aus den Augenwinkeln über die rechte Schulter, ob mein Vater dieses scheinheilige Getue auch nicht mitgehört hatte. Bei ihm weiß man nie, wie er reagiert, wenn ihm etwas missfällt.

Hatte er aber mitbekommen.

Natürlich.

Und nun hörte ich unter der Kellertreppe ein mordsmäßiges Gepolter und sehr unfeine Flüche. Dazu entsetzliches Gestöhne, was ich aus Erfahrung so deutete, dass er dabei war, sich aus seinen Gummistiefeln heraus zu quälen. Der Dauer dieser Geräuschkulisse nach zu urteilen, musste er aber mindestens zehn Füße von Stiefeln befreien.

Während mein Gast bestrebt war, unverdrossen weiter glücklich auszusehen, bat ich ihn ins Haus und geleitete ihn die bereits erwähnten Krümelspuren entlang ins Wohnzimmer. „Nehmen Sie doch bitte Platz.“ „Wo darf ich bitte?“ „Na eben ist ja noch alles frei“, versuchte ich zu scherzen, was sein Lächeln gleich noch etwas fröhlicher machte und seinen Kopf in ein dankbares Nicken versetzte. „Herzlichen Dank!“

Wofür eigentlich? fragte ich mich, indem ich in die Küche eilte. „Bin gleich wieder bei Ihnen! Ich hole nur gerade den Kaffee“, rief ich betont locker.

Vielleicht wäre es besser gewesen, meinem Gast einen Sessel zuzuweisen. So viel Zeit sollte in einem Haushalt mit Katze stets sein.

Als Kater Willi, gerade noch fest auf dem Küchenstuhl schlafend, seine Glieder ausgiebig reckte, dabei die Maße eines mittelgroßen, schwarzen Panthers annahm und ins Wohnzimmer stolzierte, ahnte ich, dass Herr Schlau die unangemessenste Sitzgelegenheit für sich gewählt hatte. Ich kenne meinen Willi und mir war klar, dass der dort etwas richtigzustellen hatte.

Um unangenehme Situationen, gleich welcher Art, zu vermeiden, versuchte ich nun, besonders flink zu sein. Ungeschickt, mehr reißend als schneidend, entfernte ich die rote Ecke vom Tetrapack der Kaffeesahne. Hastig füllte ich die Sahne ins Glastöpfchen um. Leider spritzte sie aber nicht nur dort hinein, sondern erst einmal in kräftigem Strahl auf meine gute, helle Hose.

Ich spürte die Schweißperlen auf meiner Stirn.

Mit der Fingerfertigkeit eines Taschenspielers sortierte ich das rosa Sahnetöpfchen aufs Tablett, Zuckerdose daneben, Glaskanne dazu, Teelicht unters Stövchen, Stövchen aufs Tablett.

Fertig.

Fragender Blick an mir herunter? „Mist!"

Entschlossener Griff zum Küchenlappen und Bauch und Beine zierte nun ein noch größerer Fleck.

Die Schweißperlen wurden größer.

Das Tablett balancierend, betrat ich Augenblicke später das Wohnzimmer und sah erschrocken, dass Willi tatsächlich auf 'seinem' Sessel saß. Nur, erstmal saß darauf ja Herr Schlau und auf diesem dann mein Willi.

Die Augen von Herrn Schlau waren weit aufgerissen und seine gepflegten Hände hielt er ratlos schwebend zwischen Oberkörper und Unterkörper, wobei letzterer vom Kater bedeckt war.

Wohlig zusammengekringelt blinzelte mir das Katertier zu. In der Katzensprache heißt das: Siehste, das haste nu davon!„Herr Schlau, bitte erlauben Sie!“

Ich griff nach Willi, der sich aber unhandlich wie ein Zweizentnersack machte und sich nicht greifen ließ. „Na warte!“

Energisch fasste ich unter ihn und stellte gleichzeitig entsetzt fest, dass ich gerade etwas tat, was einer Dame äußerst unwürdig war. Ich ging nämlich Herrn Schlau, bei dem Versuch den Kater abzusammeln, an die Hose.

Vor Erstaunen entfloh ihm nur ein fassungsloses: „Oh!“

Mir war das furchtbar peinlich. Ich spürte, wie ich knallrot wurde. Dann hatte ich eine Idee, während seine Hände noch immer im Schwebezustand verharrten. „Entschuldigen Sie mich bitte, ganz kleinen Moment nur, das haben wir gleich“, nuschelte ich nervös, raste in die Küche und schnitt ein beträchtliches Stück von unserem Sonntagsbraten ab, den ich glücklicherweise schon aufgetaut hatte.

Erleichtert atmete ich auf, als ein begeistertes „Miauiiooiii!!“ ertönte und das Riesentier mit wenigen Sätzen bettelnd neben mir in der Küche stand.

Zurück ins Wohnzimmer.

Herr Schlau hatte, vom Kater befreit, ein Notebook aufgestellt und wirkte insgesamt nicht mehr ganz so fröhlich wie bei unserer Begrüßung. Ich stellte fest, dass die vorher permanent hochgezogenen Mundwinkel jetzt etwa waagerecht waren, und erlag dem Eindruck, dass er offensichtlich nicht so recht wusste, was er von diesem Haus und seinen Bewohnern halten sollte. „Darf ich Ihnen vielleicht ...“, sein Blick wurde fragend, „einen Keks eingießen? ... Ach, quatsch, Kaffee“, verbesserte ich mich.

Er nickte erleichtert. Ich konnte nur ahnen, was er eventuell befürchtet hatte zu hören.

Brav nahm ich nun endlich ihm gegenüber Platz, als die Wohnungstür aufgerissen wurde und zugeknallt! Die Klotür aufgerissen und zugeknallt!

Und dann ließ mein Vater dort einen so gewaltigen Furz ins Becken knattern, dass dem Besucher die Kinnlade absackte und die Tasse auf halber Höhe zum Mund in seiner zitternden Hand einen Teil ihres Inhaltes verlor.

Ich war einer Ohnmacht nahe.

Der Alte aber schien in die Wucht seiner penetranten, sich mit unglaublicher Geschwindigkeit in der ganzen Wohnung ausbreitenden Abgase alle Verachtung dieser Sorte Mensch gegenüber gelegt zu haben, deren er in seiner Boshaftigkeit fähig war.

Mein Gehirn blockte ab. Schaltete auf absolut leer um, und ich saß stumm und starr wie eine Statue da.

Klotür auf, Vater raus.

Und ohne das Waschbecken benutzt zu haben, stürzte er auf Herrn Schlau zu und schüttelte ihm, über‘s ganze faltige Gesicht grinsend, begeistert die Hand. „Schön, dass du hier bist, Kamerad! Um was geht‘s denn heute? Sterbeversicherung? Brauch ich nicht. Meine Verdauung funktioniert noch prächtig!“

Mein Gast war völlig aus dem Konzept geraten.

Verzagt sah er erst meinen Vater, dann mich an, bemerkte den Kaffeefleck auf seiner Maßanzughose, verzog die Nase vor dem unglaublichen Klima im Raum und stand langsam auf. „Wwwissen Ssie“, stammelte er, „iich glaube, es ist besser, wenn ich Ihnen erst einmal ein Formular hier lasse. Sie können sich in Ruhe alles durchlesen, darüber reden und wenn es Ihnen dann passt, kann ich immer noch mal vorbeikommen.“

Ich war keiner Antwort mächtig.

Mein Vater feixte im Hintergrund und verbuchte das entsagungsvolle Abtreten des Herrn Schlau als vollen Erfolg seines Spielchens.

Eine kätzische Weihnachtsgeschichte

Es war noch Sommer, als ich ihn bemerkte. Der Kater war fast weiß. Lediglich über einem Auge sah ich einen schwarzen Fleck. Ängstlich lugte er hinter einem Holzhaufen hervor.

Die Katzentiere der Umgebung kannte ich so ziemlich alle, aber ihn hatte ich noch nie gesehen. Durch Blinzeln signalisierte ich, dass er willkommen sei. Ich wusste, blinzeln ist das Lächeln einer Katze und zur Kontaktaufnahme unbedingt erforderlich. Und tatsächlich, er schien bleiben zu wollen.

Nun sah ich ihn fast täglich. Schnell erkannte ich, dass er dringend Hilfe brauchte. Sein Fell war zerrupft und an mehreren Stellen blutig. Beide Ohren waren weit eingerissen und blutverkrustet.

Die Zeit verging und bald saß der Weiße, wie ich ihn nannte, täglich auf der alten Gartenbank beim Holzhaufen. Wenn ich mit dem Futter kam, blieb er still sitzen und tat, als sähe er mich nicht. Trat ich zurück, machte er sich gierig über das Fressen her.

Eines Tages ergriff ich die Initiative. Dreist setzte ich mich auf 'seine' Bank, und als er kam, machte ich das Gleiche mit ihm wie er sonst mit mir. Ich ignorierte ihn und tat, als sähe ich ihn nicht.

Urplötzlich sprang er mir auf den Schoß! Ich bekam einen tüchtigen Schrecken, denn damit hatte ich nun überhaupt nicht gerechnet. Eine Weile erzählte ich ihm etwas, dann versuchte ich, ihn vorsichtig zu streicheln. Und er gestattete es.

Das war der Beginn einer tiefen innigen Zuneigung.

Als seine Wunden verheilten und sein Fell glatt wurde, kam der Herbst. „Nun wirst du dich ans Haus gewöhnen müssen, Dickerchen“, sagte ich zu ihm.

Ja, nun hieß er Dickerchen, denn er war groß und stämmig. Und er verstand mich offenbar sofort. Mit würdevollem Schritt stakelte er hinter mir her und ging durch die Hoftür, als wäre das bereits ein Leben lang sein Weg gewesen.

Allerdings gab es ein Problem. Im Heizkeller residierte bereits Fräulein Meier. Eine junge schwarze Schönheit, die Nachbarn ein Jahr zuvor als überflüssig entsorgten.

Diese junge Dame fand es überhaupt nicht witzig, einen Mitbewohner zu bekommen. Von Wohngemeinschaften schien sie gar nichts zu halten. Sie sträubte das Fell, fauchte und versuchte ihn zu verhauen. Erst als ein tiefes drohendes Knurren aus Dickerchens Kehle kam, unterließ sie ihre Flegeleien.

Fortan war im Heizkeller der Teufel los. Da wurde gefaucht, geschrien und auch geprügelt. Das bemerkte ich an den Fellflocken auf dem Fußboden.

Meine Stimmung verschlechterte sich zusehends, denn ich dachte an den langen Winter und die vielen Stunden, in denen die Katzenviecher irgendwie im warmen Keller miteinander klarkommen mussten. In die Wohnung konnte ich keinen von ihnen nehmen, denn da lebte seit beinahe zwanzig Jahren Miezi.

Im Dezember, kurz vor Weihnachten, beobachtete ich die beiden argwöhnisch. Es schien mir auf einmal zu ruhig zu sein. War das etwa die Ruhe vor dem Sturm? Seit Tagen lagen keine Fellflocken mehr auf dem Boden. Aber die beiden kleinen Ungeheuer, das schwarze Mädchen und der weiße Junge, gingen sich nach wie vor weiträumig aus dem Weg und fauchten sich bei zu großer Nähe wütend an.

Heiligabend wurden zuerst die Tiere versorgt. Miezi stand bereits staunend unterm Weihnachtsbaum und tatschte nach einer tief hängenden roten Kugel. Ich nahm zwei Portionen Futter, um auch im Keller frohe Weihnachten zu wünschen.

Hier war es überraschend still. Kein Laut drang aus dem Raum. Vorsichtig schob ich die Tür auf und blieb mit einem leisen Schrei stehen. Auf dem gemütlichen warmen Heizofen saß Dickerchen, blinzelte mir freundlich zu und, eng an ihn gekuschelt, hatte sich Fräulein Meier zusammengerollt.

„Na dann frohe Weihnachten, ihr Lieben“, sagte ich, stellte das Futter auf den Boden und sah glücklich zu, wie schwarz und weiß gemeinsam futterten und das sogar aus einem Napf.

Vor Erleichterung kamen mir die Tränen. Schwarz und weiß so friedlich und liebevoll miteinander umgehen zu sehen, berührte mich tief.

In diesem Sinne wünsche ich uns allen ein

frohes Fest und möge es auch anderen Ortes zu einem so friedvollen Miteinander kommen.

Der Idiot

Der Mann hob den Fuß, um das kleine Leben vor sich, mit einem Tritt zu vernichten. Das machte er immer so. Was am Boden krabbelte, empfand er als störend, es empörte ihn geradezu. Dort unten sollten Pflanzen sein, aus denen man Essen machen konnte, aber nichts, was sich aus eigener Kraft bewegte und die wertvollen Pflanzen auch noch fraß. Große Tiere waren zum Essen da, das wusste er, aber alles, was sich in Fußhöhe befand musste man zertreten.

Mit einem großen Schritt würde er dann über das zerstampfte, blutige Etwas hinweg steigen und weiterarbeiten.

Es war Ende Oktober und der Bauer, der ihn hin und wieder beschäftigte, hatte ihm aufgetragen, Steine vom Acker zu sammeln und auf den bereits vorhandenen Haufen am Wegrand zu werfen. Das war eine Arbeit, wie für ihn gemacht. Der fast zwei Meter große Mann mit den starken Muskeln und dem geringen Verstand liebte es, seine Kraft einzusetzen.

Das Bein erhoben und bereit, es auf das Krabbeltier zu stampfen, warf er noch einen kurzen, uninteressierten Blick auf die kleine Katze.

Genau in diesem Moment hob sie den Kopf, blickte ihn aus blauen Babyaugen an und gab einen winzigen klagenden Ton von sich. Der große Mann war irritiert. Vorsichtig nahm er den zum Tottreten erhobenen Fuß zurück, stand nun mit seinen Säulenbeinen vor dem Katzenkind, beugte sich etwas herunter und besah es sich genauer. Dabei drehte er den Kopf hin und her, um das seltsame Wesen von allen Seiten zu betrachten.

Wieder traf ihn dieser hilflose Blick aus blauen Augen und noch einmal hörte er den eigentümlichen leisen Ton, der ihn an das Greinen eines kleinen Kindes erinnerte. Hannes mochte kleine Kinder. Er mochte sie sehr. Er bewunderte ihre Winzigkeit und war glücklich, wenn sie ihn anlächelten.

Er grunzte und wusste nicht, was er tun sollte. Die Katze machte auf unsicheren Beinen zwei Schrittchen auf ihn zu, blieb stehen, sah hoch zu ihm und maunzte leise.

Er richtete sich auf, strich sich die Haare aus dem Gesicht und sah sich um, ob da nicht irgendwer wäre, der ihm sagen könnte, was zu tun sei.

Immer sagte ihm jemand, was er tun sollte. Es war ihm nicht gegeben, selbstständig Entscheidungen zu treffen. Als er noch ein Kind war, sagte ihm seine besorgte Mutter, was er tun und was er lassen sollte. Und er war ein braver, folgsamer Junge, der es zu schätzen wusste, wenn er geführt wurde. Als er fünfzehn war und drei Köpfe größer als seine Mutter, nahm sie ihn noch immer an die Hand, traf für ihn Entscheidungen und erklärte ihm, wie er sich verhalten solle. Er mochte das. Hannes wusste, dass sie für ihn da war, dass es regelmäßig mehrmals am Tag für ihn etwas zu essen gab und er abends ohne Sorgen in sein weiches Bett steigen konnte. Was Mama sagte, war für ihn Gesetz. Und von ihr wusste er auch, dass man kleine Krabbeltiere töten musste, weil sie sonst alles auffraßen und ihm damit das Essen wegnahmen. Besonders die Raupen. Raupen kannte er.

Nur gerade jetzt war niemand in der Nähe, der ihm sagte, was zu tun sei. Er murmelte:

„Mama, was tun?“„Mä“, machte das Katzenkind leise. Er lächelte. „Du ja ein Baby“, sagte er staunend und beugte sich nun ganz hinab, um das kleine Wesen in die Hand zu nehmen. Ganz automatisch begann er jedoch die Hand zur Faust zu ballen, um das Leben auszulöschen. „Mäh!“, kam es empört aus dem Mäulchen. Sofort öffnete er die Hand wieder und beguckte sich das Etwas, das sich zufrieden auf der warmen Hand zusammenrollte.

Jetzt war er total hilflos. Er sollte doch die Steine aufsammeln und auf den Haufen werfen, so hatte es der Bauer verfügt. Aber er stand da, mit dem Katzenkind auf der riesigen Pranke, und staunte die Winzigkeit des Wesens an. Ein seltsam warmes, gutes Gefühl nahm von ihm Besitz. Kaum, dass er den Blick abwenden konnte. Als er sich bewegte, wachte die Katze aus ihrem kurzen Schlummer in der angenehmen Wärme auf und reckte sich. Dabei streckte sie die kleinen Vorderbeinchen weit hinaus und zitterte. „Mä!“

Und dann geschah ein Wunder für Hannes, denn eine winzige rote Zunge kam aus dem Mäulchen und leckte an einer Schwiele seiner Hand. „Du Hunger“, stellte er fest und von diesem Augenblick an war das Kätzchen sein Baby, das er mit seinem Leben verteidigt hätte. „Mein Baby“, flüsterte er. Das heißt, er flüsterte zwar, aber es klang wie fernes Donnergrollen. Aber das konnte er nicht einschätzen.

Etwas anderes war ihm aber schon klar. Wenn der Bauer ihn so sehen würde und feststellte, dass bisher kaum Steine abgesammelt waren, würde er sehr schimpfen und ihm weder Geld noch Essen geben.

Und er war darauf angewiesen. Mama war inzwischen uralt und ebenfalls winzig klein. Das Wenige, was sie an Geld bekam, reichte kaum für das Leben von Mutter und Sohn.

Er versuchte, eine Lösung zu finden, und es gelang ihm tatsächlich. Vielleicht war es das erste Mal überhaupt, dass er ein Problem ohne Hilfe löste. Das Kätzchen musste bei ihm bleiben, es war ja jetzt sein Baby, also steckte er es in seine ausgeleierte linke Jackentasche, einfach aus dem Gefühl heraus, dass es an seinem warmen Körper wohl gut aufgehoben sein würde.

Er bewegte sich sehr achtsam, um es

nicht versehentlich zu verletzen, als er begann die Ackersteine aufzusammeln.

Die Katze mit den eisgrünen Augen

Dieser Winter war eklig nass – ein richtiger Schmuddelwetterwinter. Angesichts dessen war es beruhigend zu wissen, dass unsere Katzen gut im Warmen aufgehoben waren und sie dank der Einstiegsluke im Kellerfenster jederzeit selbst entscheiden konnten, ob sie im Haus bleiben oder ins Freie wollten.

Ich befand mich auf dem Weg zum Heizraum, als mich ein zartes Stimmchen, einem Vogelpiepsen ähnlich, im Kellergang verharren ließ. Mir war plötzlich unheimlich zumute. Ich zögerte, weiterzugehen, und überlegte, welchen Ursprung diese seltsamen Töne haben könnten.

Denn sie gehörten nicht hierher. Sie waren fremd.

Mein Herz hämmerte, als ich langsam die knarrende Heizkellertür öffnete. Dann atmete ich erst einmal kräftig aus, denn dort lauerte weder der „Schwarze Mann" noch reckte sich mir ein Monster entgegen.

Trotzdem stutzte ich und zuckte zusammen, denn mitten im Raum stand eine fremde, sehr magere schwarze Katze, deren eisgrüne Augen mich sofort faszinierten.

Vielleicht hatte sie mich kommen hören und dieses piepsige „Hi, hi!“ war ihre Art der Begrüßung und der Entschuldigung, dass sie sich in ein fremdes Haus eingeschlichen hatte. Ihre auffallend großen Ohren vibrierten und versuchten die Stimmung des ihr unbekannten Menschen, der in meiner Person vor ihr stand, einzufangen. „Ja, wer bist du denn?“, fragte ich erstaunt. „Hi!“ Unverwandt blickten mich diese hypnotischen Augen an. Vorsichtig, jederzeit zum Rückzug durch die Fensterluke bereit, kam sie näher – und schließlich umschmeichelte sie mich mit ihrem schmalen Körper. „Hi!“ Der Klang dieser kleinen Silbe wirkte auf mich fragend, auffordernd, vor allem aber ratlos. Diese Katze mit der seltsamen Stimme und den kugelrunden Eisaugen wollte etwas ausdrücken, was zu verstehen ich aber momentan nicht in der Lage war.

Beunruhigt versuchte ich im Geiste zu ergründen, zu wem sie gehören mochte. Du meine Güte! Was, wenn ich eine Streunerin vor mir hatte, die sich diesen Kuschelkeller als Bleibe ausgeguckt hatte? Noch ne Katze mehr bei uns im Haus? Nee! Das musste nicht sein! Das wäre denn doch zu viel!„Hi! Mähh!“ Die runden Kullerchen schienen bis auf den Grund meiner Seele zu sehen.

Dann fiel mir plötzlich voller Erleichterung ein:

„Bist du etwa …? Könnte es sein ...? Na klar, du bist die Katze von Herrn Meyer. Du warst in den vergangenen Wochen mit deinen sechs Kindern im Tierheim!“

Richtig! Ich selbst hatte vor beinahe drei Monaten dafür gesorgt, dass die Katzenfamilie dort unterkam, nachdem Frau Meyer mit alkoholdunstigem Atem erklärt hatte, die Kätzchen wären ja sooo süß und sie würde alle behalten. Es hatte einige Überredungskünste gekostet, sie davon zu überzeugen, dass das keine gute Idee sei. Erst als ich ihr vorrechnete, was es an Geld benötigte, um sieben Katzen zu versorgen und ab und zu den Tierarzt einzuplanen, erklärte sie sich bereit, die Katzenfamilie ins Tierheim zu bringen und die Kleinen von dort aus vermitteln zu lassen.

Ja, so war es gewesen. Diese Erkenntnis beruhigte mich erst einmal. Nun wusste ich doch, wer sie war und wo sie hingehörte. Sie hatte also ein Zuhause und war als anständige Katzendame sozusagen nur mal kurz zum Begrüßungsbesuch gekommen. „Hi! Miehh! Hi,hi!“, bestätigte sie eifrig meine Worte, und tappelte dabei unentwegt begeistert mit den Vorderbeinen.

Eine gewisse Unruhe kam aber doch wieder in mir hoch, als ich den Gedanken weiter spann. „Hat er dich denn nicht gestern erst aus dem Tierheim geholt?“

Dunkel erinnerte ich mich an ein nachbarschaftliches Gespräch vor einigen Tagen, in dem davon die Rede war, dass die Katze geholt werden sollte, weil die Kleinen nun ohne Mutter zurechtkommen würden. „Du unternimmst wohl gerade deinen ersten Ausflug und hast dabei gleich die Öffnung in unseren Heizraum entdeckt? Stimmt das?“

„Mäh! Hi, hi!“

Und nun, da das geklärt war und sie sich vorgestellt hatte, machte sie sich mit hastiger Gier daran, ein paar Bröckchen Trockenfutter, die auf einer Fliese lagen, zu fressen. „Da hat wohl heute noch niemand Zeit für dich gehabt und du hast Hunger?“, fragte ich mitfühlend und strich über ihren knochigen Rücken. Als sie aufhörte, mit dem Futter zu hantieren, nahm ich den dicken Vorhang beiseite, zeigte auf die kleine Einstiegsluke und erklärte unmissverständlich, dass sie nun hier wieder raus müsste.

Sie verstand und verschwand kommentarlos in der nassen Dämmerung. Nachdenklich sah ich zu Boden. Wenn das nur gutging! Ich wusste, dass Herr Meyer mit dem Gedanken spielte umzuziehen, nachdem sich seine Frau ziemlich plötzlich von ihm getrennt hatte, und befürchtete umgehend, dass dieses seltsame Segelohrwesen Katze Nummer vier in unserem Haushalt werden würde.

Zwei Tage später.

Die Kleine mit den runden Augen und den großen Ohren hatte uns inzwischen täglich mit ihrer Anwesenheit beehrt, von Dickerchens Futter genascht, auf Miezis Kissen geschlafen und mit Marys Strippe gespielt.

Endlich erwischte ich Herrn Meyer auf der Straße. Er war gerade dabei, sperriges

Haushaltsgerät im Kofferraum seines Autos unterzubringen. „Herr Meyer, Moment bitte mal!" Ich hastete über die Fahrbahn und stellte mich dann direkt neben ihn. So zwang ich ihn, mich anzuhören. Mir war klar, dass mein Verhalten aufdringlich war, daher drückte ich mich so knapp wie möglich aus. „Ihre Katze, Herr Meyer, gewöhnt sich ganz offensichtlich zu uns in den warmen Heizkeller. Das Problem ist nur, wir haben schon drei Katzen. Könnten Sie die Kleine nicht jetzt, die ersten Tage nach der Zeit im Tierheim, bei sich in der Wohnung behalten? Sie muss sich doch erst wieder eingewöhnen!"

Herr Meyer wollte wohl etwa sagen, aber schnell kam ich ihm zuvor. „Denken Sie doch mal daran, was dieses Tierchen alles durchgemacht hat! Die ersten Monate ihres Lebens hatte sie überhaupt kein Zuhause, hat in irgendwelchen Winkeln in der Stadt geschlafen und sich am Würstchenstand von Abfällen ernährt. Dann hat Ihre Ex sie lobenswerterweise mit nach Hause genommen, aber kaum ist sie da, bekommt sie Junge und muss damit ins Tierheim. Und endlich endlich darf sie zurück aber nun hat gerade überhaupt niemand Zeit für sie – und eigentlich will sie ja auch niemand mehr“, formulierte ich instinktiv richtig.

Die Mimik meines Gegenübers zeigte, dass meine Vermutung ein Volltreffer war.

Und jetzt wurde mir auch sein zielloses, verlegenes Kramen im Kofferraum bewusst.

Ich schnappte nach Luft. „Ziehen Sie etwa jetzt schon um?“

Mein Ton klang erschrocken und barscher als beabsichtigt. „Ja, Sie sehen doch, ich bin am Packen und in drei Tagen bin ich hier weg.“

„Oh nein!“, rief ich erschrocken, denn wie sich die Dinge weiter entwickeln würden, war mir wohl spätestens in diesem Augenblick klar.

Vor allem aber, jetzt verstand ich! Endlich verstand ich, was das Segelöhrchen mir mitteilen wollte.

Diese kleine Katzenmutti, die fast drei Monate im Tierheim mit ihren Kindern verbracht hatte, war endlich nach Hause geholt worden. Wahrscheinlich hatte der Tierheimchef dieses Vorgehen angemahnt, denn es war wirklich der denkbar ungünstigste Zeitpunkt für sie. Gerade jetzt konnte sich überhaupt niemand mit ihr befassen. Mit seinen kätzischen Bedürfnissen stand dieses Seelchen den packenden, schimpfenden und schwitzenden Menschen nur im Wege. Das Umzugsdurcheinander, verstärkt durch zusätzlich laute, weil anscheinend arbeitsmotivierende Musik, mussten für das heimgekehrte, sensible Wesen entsetzlich sein!

Aber Mitleid hin, Mitleid her, es war wie verhext, musste sie sich ausgerechnet auf unseren Keller festlegen?!

Allerdings – hier gab es ja haargenau das, was sie jetzt gerade brauchte. Ruhe, weiche, saubere Kissen, leckeres Futter und einen Menschen, der sie liebevoll streichelte. Noch zweimal zeigte ich unserem Gast den Weg zurück in die unwirtliche Natur.

Am darauffolgenden Nachmittag sah ich das dünne Wesen auf der nasskalten Erde, im Nieselregen, vor dem Kellerfenster kauern. „Hey Kleine!"

Fragend sprach ich sie vom Fenster aus an, denn etwas schien nicht in Ordnung zu sein. Weshalb saß sie dort und war nicht durch die Öffnung ins Trockene gegangen? Was bedeutete das?

Sie blickte kurz mit ihren grünen Kulleraugen hoch zu mir und ich war erschüttert von der Traurigkeit ihres kleinen Gesichtes. Es schien zu antworten:

„Wenn ich da reingehe, schickst du mich ja doch wieder raus!"

Wenige Augenblicke später war ich bei ihr. „Kleine, was ist mit dir? Geht es dir nicht gut?"

Keine Antwort, nur ein Blick, der allen Kummer dieser Welt einschloss.

Vorsichtig streichelte ich den schmalen Rücken. Stutzte, nahm die Hand weg, sah das Kätzchen an und strich behutsam über das winzige Gesicht. Ein kleiner Seufzer entfloh dem schwarzen Mäulchen.

„Mä!"

„Oh weh! Du bist ja ganz heiß!"

Jetzt nahm ich sie zum ersten Mal überhaupt hoch.

Willenlos ließ sie es sich gefallen.

Erschöpft lag das kleine Wesen in meinem Arm und augenblicklich war mir klar, dass ein Tierarztbesuch notwendig wurde.

Schon eine Viertelstunde später stand das Segelöhrchen auf dem Behandlungstisch, und Doktor Gransemann steckte ihm ein

Fieberthermometer in den Po. „Oh! Gut, dass Sie gekommen sind“, war der erste Teil der Diagnose, nach einem fragenden Blick auf die Skala, dem noch weitere Untersuchungen folgten. Dann das niederschmetternde Ergebnis: „Lungenentzündung!“

Na großartig! Damit hatten wir nun wirklich noch keine Erfahrung! Abgesehen davon, dass wir das Tierchen jeden zweiten Tag zum Spritzen bringen mussten, bekam es Ausgehverbot, Wärme, Ruhe und besonders gehaltvolles Futter verordnet. Völlig klar, dass die Kleine alles nur durch uns bekommen konnte!

Einmal mehr musste der warme Heizkessel zum Zwecke katzentherapeutischer Maßnahmen herhalten. Eine Decke war schnell bezogen. Auf das vordere Drittel des kastenartigen, brusthohen Gerätes legte ich ein schmales Kopfkissen und mitten in diese weiße, kuschelige Herrlichkeit setzte ich die kranke Katze, die sich sofort in das weiche Kissen schmiegte und erleichtert die Augen schloss.

Die Situation war allerdings etwas seltsam. Wir kümmerten uns mit großem zeitlichen und finanziellen Aufwand um eine Katze, deren „Besitzer“ ein Haus weiter wohnte. „Paul, ich geh jetzt rüber, das muss unbedingt geklärt werden. Wir pflegen sie gesund und dann kann er sie abholen.“

(Na so ein Quatsch! Die Sache war doch längst entschieden! Schon in dem Moment, da mir der Jammer, den das kleine dünne Vieh ausstrahlte bewusst wurde, hatte mein Unterbewusstsein signalisiert: „Kätzchen, dir muss geholfen werden, und das tue ich selbst!“)

Herr Meyer nahm zwar auch dankend zur Kenntnis, dass ich sein Tierchen versorgte, aber ich merkte, dass ihm das völlig egal war. Aber nun wollte ich es genau wissen.

Abschätzend sah ich ihm in die Augen, als ich ihn direkt darauf ansprach: „Wollen Sie die Katze eigentlich überhaupt? Oder ist sie Ihnen in der neuen Wohnung nicht eigentlich lästig?“

Nun, die Antwort erschien mir entschieden zu unsicher und als ich zurück in den Heizkeller ging, um unsere Katzenfamilie zu versorgen, war mir beim Anblick der zufriedenen schwarzen Patientin klar, dass ich sie unter so ungewissen Umständen nicht wieder hergeben würde. „Jetzt mache ich dich gesund und dann bleibst du hier!“, verkündete ich und fummelte mit einem Bastbändchen vor der Kleinen herum. Na, so krank war sie aber nun doch nicht, um das einfach zuzulassen. Peng! Sie griente mich fröhlich an, als sie das Band mit raketengleicher Geschwindigkeit gepackt hatte. „Aber wie nenn ich dich bloß? Einen Namen brauchst du schließlich und Mieze Meyer find ich ausgesprochen blöd!“

Bewusstmachend, wie unsere anderen Katzen hießen, wurde mir klar, dass wir es in puncto Katzennamen noch nie zu originellen Leistungen gebracht hatten. Wahrscheinlich würde es in diesem Fall ähnlich ausgehen.

Und dann hörte ich mich auch schon sagen:

„Damit wir nie vergessen, woher du gekommen bist ... wie wäre es ... mit Fräulein Meyer?“

Kein Grund, es nicht zu tun

Nie hätte er geglaubt, dass diese Strecke, die er als Student mit Leichtigkeit in einer Stunde gelaufen war, ihm jetzt so viel abverlangen würde.

Seine Beine zitterten, die Lungen schmerzten. Nur einen kurzen Moment ausruhen dürfen, nur zwei oder drei Herzschläge lang. Es wäre ein Himmelsgeschenk. Jede Zelle seines Seins protestierte gegen die unerhörte Anstrengung. Keuchend stützte er die Hände in die Seiten, beugte den Oberkörper tief nach vorn und hechelte seinen Atem in die kalte Novemberluft. Das Wölkchen vor seinem Mund zerfaserte, als er sich aufrichtete.

Als er vor einiger Zeit die Ankündigung auf Facebook gelesen hatte, war er sofort losgestürzt. In seiner Panik dachte er nicht daran, eine Jacke und die Laufschuhe anzuziehen. Er rannte aus dem Haus, bekleidet mit einem weißen Hemd, seiner Bürohose und eleganten Stadtschuhen.

Wie lange war das her? Eine Stunde? Zwei Stunden? Wie spät war es? Er trug kein Handy bei sich und seine Uhr lag zu Hause im Bad. Die Zeit raste ihm davon.

Er sah nach oben. Wenn die Wolken es zuließen, schickte der Mond ein wenig bleiches Licht auf den Acker.

Dort – das Hünengrab. Er vermutete es in dem tiefschwarzen Gebilde zu seiner Rechten. Gleich musste der Naturwald beginnen. Musste, wenn er sich nicht völlig verlaufen hatte. Es war schließlich zwölf Jahre her, seit er zum letzten Mal diese Strecke gegangen war. Damals, als Wanderer, gemächlich, mit Proviant versorgt und zweckmäßig gekleidet.

Er stolperte und fiel. Lag für einen Moment auf morastigem Acker, die Arme weit von sich gestreckt, und atmete keuchend. Es tat weh. Jetzt sollte gleich der Wald beginnen. Weiter, weiter …

Der Wald, dieser wilde Wald, der schon bei Tageslicht schwer zu begehen war. Aber hindurch musste er, es war die kürzeste Strecke. Irgendwann, bevor man das Meer rauschen hörte, würde er auf das Haus seiner Kindheit treffen.

Weiter, weiter. Er lief nicht mehr. Seine Kraft erlaubte ihm nur noch ein taumelndes

Gehen. Plötzlich zog ihm etwas die Beine weg. Verdammt! Der Graben! Er rutschte eine schlammige Böschung hinunter. Die Kälte des Wassers hüllte ihn ein. Entsetzen lähmte ihn. Sekundenlang stand er erstarrt in der stinkenden Brühe. War das jetzt das Ende? Doch sein Geist war ein gnadenloser Antreiber. Er befahl: Du musst! Von irgendwoher holte sich der Körper noch einen Rest Kraft, die es ihm ermöglichte, den Befehl auszuführen. Er klammerte sich an Grasbüschel, zog sich etwas hoch, rutschte zurück, erkämpfte sich erneut wenige Zentimeter und rutschte wieder zurück.

Seine Verzweiflung wuchs ins Unermessliche. Immer wieder gruben sich seine Finger in weiche, nachgiebige Erde. Dann fanden die Füße jähen Halt auf etwas Festem. Die Rettung! Er stieß sich vom Untergrund ab. Der Schwung half ihm über die Uferböschung.

Um Luft ringend lag er im Morast eines durchweichten Ackers. Bilder blitzten durch sein Gehirn. Dieser Graben … hier hatten sie lachend und kreischend in einem Sommer vor langen Jahren Weitsprung geübt. Da war Marie, seine Schwester, noch am

Leben. Er schluchzte. Diese verdammten Erinnerungen! Verzweifelt biss er in erdiges Gras. „Vater!“, brüllte er, „Vater, tu es nicht!“

Immer wieder flimmerten die wenigen Zeilen, die er als Nachricht erhalten hatte, vor seinem geistigen Auge.

Sein eigener Schrei riss ihn hoch. Laufen! Weiterlaufen. Schritt, für Schritt, für Schritt … Konnte eine Qual noch größer sein?

Kein Selbstmitleid!

Wald. Büsche, die sich in der Kleidung verhakten, Bäume, gegen die er lief, Wurzeln, die ihn zu Boden zwangen. Das war nicht der heimelige Wald seiner Kindheit, der trotz aller Wildheit vertraut war und in dem Sonnenflecken auf Lichtungsinseln tanzten.

Er stürzte, er taumelte vorwärts, er stürzte. Die Dunkelheit war jetzt absolut. Dicke Regenwolken schleuderten ihren Ballast zur Erde und sperrten das Mondlicht aus.

Wieder die Worte. „Ich werde mich heute Nacht, genau um Null Uhr, erschießen, ich will nicht mehr. Mein Tod ist für niemanden ein Verlust. Die Frau ist tot, die Tochter ist tot, mein Sohn meidet mich. Grüßt ihn. Ich warte nun nicht länger, vielleicht ist er längst gestorben.“

Er schwankte von links nach rechts, kam in die Knie, riss sich hoch, zog sich an allem vorwärts, was ihm in den Weg kam. Die Zeit! Reiß dich zusammen! Weiter! Es können nur noch wenige Schritte sein.

Dann ging nichts mehr. Zu Tode erschöpft ließ er sich mit einem letzten Schritt fallen.

Es polterte dumpf.

Die Bretterwand!

Endlich! Fast hatte er es geschafft. Er war da, war zu Hause. „Vater!“

Sein Schrei – ein heiseres Flüstern, das in einem Röcheln erstarb.

Blind kroch er an den Latten entlang – hier die Pforte – und jetzt musste der Garten kommen. So viel kürzer war er in seiner Erinnerung – so qualvoll lang in dieser schwarzen Wirklichkeit.

Da, die Haustür.

Sein Körper verweigerte sich ihm.

Er übergab sich.

Der Kopf knallte gegen die Tür, die Hände kratzten zitternd über die Steinschwelle. „Vater“, keuchte er. „Vater.“

Das Bewusstsein verließ ihn.

Als er erwachte, blickte er auf ein riesiges

Federbett. Eine harte Hand streichelte über die Erdkrusten in seinem Gesicht und etwas tropfte auf seinen Kopf. „Vater!“,flüsterte er, „Vater, du lebst!“

Die Standuhr schlug zwölfmal.

Neben dem Sofa polterte das Jagdgewehr zu Boden. „Vater! Hättest du wirklich …?“

Der Alte nickte. Mit fester Stimme sagte er: „Ja, mein Junge. Ich hätte. Es gab keinen Grund es nicht zu tun!“

Gespräch unter Rentnern

„Mensch, Uli, du siehst ja elend aus. Was ist los mit dir?"

„Ach, reden wir nicht davon! Erzähl erst einmal von dir. Irgendwie wirkst du auch ziemlich mitgenommen."

„So? Findest du? Sieht man mir das an? Na ja, mir ging's auch nicht so toll in letzter Zeit. Weißt du, das Herz schlägt manchmal so eigenartig. Und dann ist mir so – ach, ich kanns gar nicht recht beschreiben, so seltsam. Aber man wird ja nicht jünger …!"

„Kenn ich, kenn ich alles, hatte ich alles schon. Aber meins ist schlimmer, viel schlimmer."

„Na, nun rück schon raus damit, Uli, was ist dein Problem?"

„Ich hab – Topo." „Was hast du?"

„Ich hab Topo!"

„Noch nie gehört. Ist das ne Krankheit oder ne finanzielle Geschichte? Ist das so etwas wie … Läuse oder Flöhe?"

„Nee, nee. Weder noch. Ist ne Krankheit. Und das ist ja auch nur die Abkürzung. Ich sag dir mal die vollständige Bezeichnung:

Topomenohydroxphilogenesephopie ..."
„ Ach du meine Güte, das klingt ja wirklich gefährlich." „Ist es auch. Sag ich doch – meins ist schlimmer." „Ja, Uli, ich glaub, da hast du recht. Ich hab nur Rücken, ich hab Kreislauf, ich hab Herz und ich hab Beine. Aber du hast Topo ...!"

„Ja, (seufz) ich weiß, das ist schlimm, sehr sogar. Mein Arzt ist auch völlig hilflos. Ich hab sogar schon mit einem Pharmakonzern verhandelt und vorgeschlagen, dass die ein Medikament dagegen entwickeln sollen."

„Ein Medikament gegen Topo?"

„Ja. Schließlich gibt es auch Pillen gegen Cholesterin und gegen Blutdruck. Weshalb nicht auch was gegen Topo? Die waren auch gleich sehr, ich muss schon sagen, sehr interessiert. Und demnächst wollen die von der Pharma sogar ne Studie machen und dann sehn wir mal weiter."

„Sag mal, wie äußert sich das eigentlich? Woran merkst du, dass du Topo hast? Ich meine, kriegste davon Pickel oder sowas?"

„Ach, wenn's das mal wäre. Mir ist einfach so, so völlig unbeschreiblich, so absolut daneben, so unbegreiflich, so gar nicht fassbar, so unverständlich."

„Stimmt, das hört sich gar nicht gut an. Aber jetzt, wo du das sagst, befürchte ich, dass ich diese schreckliche Krankheit auch habe. Ich meine, genau das tritt bei mir auch ständig auf. Das ist ja furchtbar!!

Uli, ich hab auch Topo …!"

Ein Leben, wie ein alter Tisch

Der Holztisch war uralt, klobig und voller tiefer Rillen und Spalten. Generationen hatten hier gesessen, ihre Mahlzeiten eingenommen, Intrigen gesponnen oder heimlich Liebesbriefe geschrieben.

Da war kein Zentimeter an diesem Tisch, der ahnen ließ, dass er irgendwann einmal neu gewesen war, gerade hergestellt durch die geschickte Hand eines Tischlers.

Die Person, die jetzt an ihm saß, unterschied sich nur unwesentlich von dem Möbelstück. Der Mann war alt und klobig, sein Gesicht voller Rillen und die Hände voller tiefer Schrunden.

Selbst die grau braune Farbe des Holzes fand sich in ihm wieder. Seine Resignation schien sich in diesen Farben auszudrücken. Grau, braun, schwarz. Dunkelheit. Alles war dunkel. Nirgendwo ein Honiggelb, nirgendwo ein Sonnenstrahl, nur Dunkelheit.

Er legte die Handflächen zusammen, beugte den Kopf und murmelte ein Gebet. Dann glitt sein Daumen mit dem verdickten, rissigen Nagel über einige Furchen auf der

Tischplatte. Die kleine Bewegung strengte ihn an und seine Hand zitterte, als er mit einem tiefen Stöhnen Buchstaben nachzeichnete, die tief ins Holz gekerbt waren. Vor unendlich langer Zeit hatte er als zehnjähriger Bub mit seinem ersten Schnitzmesser dieses Signum eingeritzt.

Die schweren Hände verharrten. „Ist das alles?“, nuschelte er. Der Kopf sank noch tiefer und die langen, grauen Haare hingen ihm zottelig vor dem Gesicht. „Nur dies? Ein ganzes Leben?“

Er versuchte aufzustehen. Langsam schob er den Hocker mit den Beinen nach hinten und kam endlich mit gekrümmtem Rücken und hängendem Kopf zum Stehen. Er schwankte und seine Hände pressten sich auf die Tischplatte, wie die Puffer zwischen zwei Wagen eines Dampflokzuges. Speichel rann ihm aus dem Mund.

In einem rasenden Film erlebte er sich als Säugling in den Armen einer jungen Frau, in Sekundenbruchteilen als Junge, als Mann, als Vater. Er lächelte. Jetzt wusste er, dass es gut gewesen war, dieses Leben.

Seine Hände fassten ins Leere, als er mit dem Schrei „Mama, ich komme!” zusammenbrach.

Fragebogen in einer Männerzeitschrift

Alt bist du, wenn …

du mit Selbstbräuner und Toupet versuchst, vierzig Jahre wegzuschmeicheln.

ein altes Mütterchen dich im Bus freundlich am Arm nimmt und dir seinen Sitzplatz überlässt.

es dir völlig egal ist, wenn du verschiedenfarbige Socken trägst.

dein liebstes Gesprächsthema deine Krankengeschichte ist.

deine Unterhosen auf der Leine hängen und deine Nachbarin dich lobt, dass du deine alten Scheuertücher gewaschen hast.

du jungen Frauen ausgiebig von deiner chronischen Verstopfung erzählst.

du eindringlich überlegst, was du mit deiner jungen Frau vor vierzig Jahren außer Gardinen aufhängen, noch so gemacht hast.

Kreuzen Sie an, was auf Sie zutrifft.

Zwei Kreuze – Sie sind kurz davor, alt zu sein,
drei Kreuze, Sie sind es.

Wenn Sie bei jeder Frage mit dem Kopf nicken, aber nichts ankreuzen, sind Sie alt – und dement.

Brigittchen

Die dünne Eisdecke splitterte und barst unter ihren derben Schuhen. Manchmal knackte sie auch nur. Noch gestern war es kaum möglich gewesen, diesen morastigen Weg zu begehen. Bis zum Knöchel wären die Füße in die verwässerte Erde eingesunken. Jetzt war sie gefroren, hart und holperig.

Aber auch so war es äußerst mühsam, diesen Pfad zwischen den Feldern zu benutzen. Die alte Frau stolperte über den zu Stein gewordenen Schlamm, dann rutschte sie auf einer Eisfläche aus.

Ihr Atem ging stoßweise. Immer wieder blieb sie stehen, erhob ihren Blick von dem widerborstigen Weg und sah in die Ferne.

Wieder rutschte sie. Sie fiel auf die Knie. Gesprungenes Eis war unter ihr. Sie griff nach den Zweigen eines Strauches, der neben dem Weg wuchs.

Die Alte versuchte sich zu erheben, rutschte aber wieder und wieder zurück. Die Hand riss sich an dem dornigen Gestrüpp und blutete.

Erstaunt blickte sie auf die Verletzung. Dann legte sie die Hände auf das Eis und erhob sich langsam, vorsichtig und laut stöhnend. Ein roter Abdruck blieb. Fasziniert starrte sie auf die Farbe. „Wie Brigittchens Mantel“, murmelte sie.

Sie schob den Ärmel der Jacke an ihrem linken Arm etwas hoch und warf einen prüfenden Blick auf das Handgelenk. „Oh, keine Uhr.“

Weinerlich verzog sie das Gesicht. „Wie spät ist es? Oh, keine Uhr! Brigittchen wartet!“ Sie stammelte die Worte laut vor sich hin.

Tränen liefen über die tiefen Furchen ihres Gesichtes. Eilig raffte sie das lange Nachthemd und hob es bis über ihre Knie. Die bloßen, dünnen Beine in den derben Schuhen waren blau vor Kälte. Aber so konnte sie besser gehen.

Wieder blickte sie in die Ferne. Ihr Gesicht verklärte sich. „Brigittchen!“, rief sie. „Brigittchen!“

Sie lächelte. Da war sie ja! Sie erkannte Brigittchens roten Mantel. Natürlich. Sie hatte ihn ja selbst gestrickt. Den roten Mantel mit den weißen Streifen an Ärmeln und der Kapuze.

Brigittchen hatte ganz lieb auf sie gewartet.

Dann stand sie direkt vor ihrer kleinen Tochter. Sie lächelte selig. Den eisigen Wind, der wild in ihren weißen Haare zauste, spürte sie nicht. Ihre Augen strahlten unendliche Liebe aus. „Brigittchen."

Sie umarmte das Kind und zerriss damit das rot-weiß gestreifte Flatterband, das vor einer tiefen, mit eisigem Wasser gefüllten Grube warnte.

Fouatoua Töminäl

„Halt! Einen Moment bitte!"
Erschrocken drehte sie sich um. „Ä,Ja?"
„Nehmen Sie bitte einen Einkaufswagen!"
„Ja , aber ich w ..."
„Nehmen Sie bitte einen Wagen, das ist jetzt so Vorschrift."
Verstört blickte die alte Dame auf ihr Handy, zuckte mit den Schultern, nahm den Einkaufswagen, erntete dafür ein freundliches Lächeln von der Verkäuferin und legte dann brav das kleinen Telefon mitten in den großen Wagen.

Sie wohnte nicht in dieser Stadt und kannte dieses Geschäft nicht. Suchend blickte sie sich um, sah eine weitere Dame ein Regal einräumen, murmelte leise: „Ich tus!" und ging mit selbstbewusstem Gang auf sie zu. Jetzt kann ich endlich mein Wissen anwenden, dachte sie stolz.
„Verzeihung! Wo finde ich hier den Fouatoua Töminäl"
„Wat wollnse ham?"
Rosi war verwirrt. „Ich suche den Fouatoua Töminäl."

Die Dame grinste. Rosi konnte förmlich

sehen, dass sie dachte: Na die hat ja nen gewaltigen Riss!

„Sagn Se mal, mein Se vielleicht dat Gerät wo man Bilder ausdrucken tun kann?"

Rosi nickte erleichtert. Allerdings war die Dame am Regal jetzt bestenfalls noch eine Frau für sie. Die nahmen hier anscheinend als Verkaufskraft wirklich jeden, der das ABC auswendig aufsagen konnte. Da hatte sie also ganz umsonst im Internet gelesen und gehorcht.

„Oda wolln Se vielleicht zu dat Tierfutter? Dat is auch n Fouatter Törminal." Rosi drehte sich weg. Nein, das war ihr jetzt zu dämlich. Doch die Frau schien einen Narren an ihr gefressen zu haben.

„Warten Se mal, so geht das ja gar nicht!", lärmte sie hinterher.

„Se könn doch dat Telefon nicht so offen im Wagen durch die Gänge schaukeln. Wenn et jeklaut wird, is det Geschrei groß. Nehm Se det inne Hand!"

Irgendwie sah Rosi den Sinn ein und erreichte nun endlich, das schöne, neue Handy in der Hand, die Automaten zum Ausdrucken von Fotos. Selbstbewusst klappte sie die mit Blümchen geschmückte Lederhülle auf und tat, als sei es das

Selbstverständlichste von der Welt, hier zu stehen und Fotos auszudrucken. Eben, als mache sie das jeden Tag.

Sie schielte zu den beiden jungen Leuten, die an dem anderen Automaten alberten und kicherten.

Na die haben ja woll noch nichts davon gehört, dass sie sich jetzt in der Krise vereinzeln sollen. Aber sie sagte nichts, denn aufzufallen, das wäre ihr peinlich gewesen.

Unter dem Bildschirm entdeckte sie einen schwarzen Kasten, mit unterschiedlich breiten Schlitzen und las seltsame Abkürzungen darunter. Die sagten ihr allesamt gar nichts. An dem Kasten hing ein Kabel, an diesem wiederum drei kürzere Abzweigungen. Na klar, irgendwie mussten ja die Fotos vom Handy auf den Bildschirm und dann in den Drucker kommen. Einer dieser Stecker kam ihr in seiner Breite vertraut vor. Sie tat es. Sie steckte den schmalsten der Stecker in den Schlitz ihres Telefons.

Er passte.

„Na geht doch“, murmelte sie.

Dann stellte der Bildschirm verschiedene Fragen. Sie überlegte nicht lange, tippte mit dem Finger irgendwo drauf und schien damit Erfolg zu haben.

Doch dann wollte er etwas Seltsames wissen – ob sie ein Android oder ein Apple Gerät hätte.

„Woher soll ich das denn wissen“, maulte sie. Mit Android konnte sie gar nichts anfangen. Apple klang so wie Apfel. Aber ein Apfel ist rund, dachte Rosi und mein Handy ist eckig. Dann wird es wohl das andere sein.

Der Bruderzwist

Der Landmann geht mit schwerem Schritt
durch Haus und Stall die Abendrunde.
Er murmelt leis: „O Herr, ich bitt ...“
Die Kirchuhr schlägt die zehnte Stunde.

Hab meinem Bruder bös gewollt,
wie nur ein Teufel wünschen kann.
Krankheit, Elend und ganz schlimm –
auf seinem Dach den Roten Hahn.

Die Zeit verging. Aus Tag wurd Nacht,
aus Nacht wurd Tag, ‘s ging Stund um Stunde.
Der Landmann längst vergaß den Fluch.
Das Jahr erreicht die letzte Runde.

Viel Arbeit war‘s in jenem Jahr,‘s zog übers Land, wie eh und je.
Des Mannes Fleiß den Wohlstand mehrt,
nichts ahnend von des Bruders Weh.

In dessen Heim schlich sich der Tod.
Das Vieh wurd krank, dann Frau, dann Kind.

Was er verflucht in schwarzer Stund,
man nunmehr auf dem Kirchhof find.

Der Landmann geht mit müdem Schritt
durch Haus und Stall noch eine Runde.
Scham und Entsetzen schmerzen tief.
Die Turmuhr schlägt die elfte Stunde.

Da leuchtet rot ein Abendlicht,
mit Flammen wie ein Weltenfeuer.
In Asche sinkt, was einst erbaut,
zu Asche wird, was lieb und teuer.

O Herr, vergib mir diese Schand!
O Bruder, nein, das wollt ich nicht!
Er sinkt zu Boden, weinend und des
Landmanns Herz vor Gram zerbricht

Irma

Der Himmel war tiefblau. Nur einzelne weiße Wolkenfetzen zerteilten diesen blauen Ozean. Die Frau versuchte, an der Fensterscheibe die zahlreichen Hausdächer nachzuzeichnen, die sie weit unter sich im Tal sah. Das Laub der Bäume auf dem Hof der Klinik zauberte mit seinem sonnenflirrenden Grün die Illusion eines wundervollen Sommertages. „Sieht aus wie Sommer", murmelte sie. „Ist aber längst September. Geht der Natur wie den Menschen, niemand möchte alt und kahl aussehen."

Jetzt schmunzelte sie, aber ihre Augen blieben seltsam glanzlos. „Kahl", wiederholte sie und strich mit einer unendlich langsamen Bewegung über den haarlosen Kopf.

Die Tür klappte und energische Schritte kamen näher. „Frau Schindler, ich gebe Ihnen jetzt die Beruhigungsspritze", klang es munter hinter ihr. Irma drehte sich vom Fenster weg. „Wozu? Ich will noch ein bisschen wach sein", flüsterte sie. Die resolute Schwester legte ihr den Arm um die Schulter, was beinahe zärtlich wirkte und für einen winzigen Moment wurde ihr grobes Gesicht weich und ihre Augen blickten mitfühlend auf das geplagte Geschöpf in ihrem Arm. „Sie kennen das doch schon. Kommen Sie – bitte. Legen Sie sich auf das Bett, ein kleiner Pieks und gleich werden Sie schläfrig."

Irma fasste mit kraftloser Bewegung die Hand der Schwester. „Machen Sie, dass ich wieder aufwache, ja?" „Aber selbstverständlich wachen Sie wieder auf, Frau Schindler, Irma", setzte sie leiser hinzu.

Dankbar blickte Irma sie an. „Das ist schön, dass Sie mich so nennen", flüsterte sie. „Ich bin doch ein Mensch und nicht der Krebs in Zimmer sieben. Oder?"

Die Schwester blieb noch einen Augenblick am Bett der Irma Schindler stehen. „Ja, Sie sind ein sehr liebenswerter Mensch, Irma."

Irma lächelte. „Sterben ist vielleicht gar nicht so schlimm, wenn es so ist wie eine Narkose."

Am nächsten Morgen wurde Irmas Bett abgezogen, gründlich gereinigt und ihr Spind ausgeräumt.

Wieder war es die resolute Schwester, aber heute hatte sie Mühe, die Tränen zurückzuhalten. „Ach, liebe Irma, diese Narkose war der Stellvertreter des Sensenmannes“, murmelte sie, „und du hast es gewusst“.

Die Umkleidekabine im Kaufhaus

Seit Jahren waren sie sich erfolgreich aus dem Weg gegangen. War die Entfernung weit genug, nickten sie sich flüchtig zu. Ergab sich dummerweise eine gewisse Nähe, taten sie, als sähen sie sich nicht und gaben sich ungemein geschäftig nach der Art: Verflixt, gerade jetzt muss mein Handy klingeln.

Und die jeweils andere akzeptierte dieses Getue, verhielt sie sich doch bei Gelegenheit ebenso.

Aber dann geschah es. Nichts rettete die früheren Freundinnen vor dem Zusammenstoß. Dieser war erst einmal rein körperlicher Art. Karin, zierlich und dunkelhaarig, Mitte dreißig, über dem Arm etliche rutschige Blusen, war dabei, eine der Umkleidekabinen im Kaufhaus zu verlassen. Während Nadine, groß, blond und gleichaltrig, ganz in Gedanken vertieft, zielstrebig auf ausgerechnet diese Kabine zusteuerte, um dort Pullover anzuprobieren.

Karin war immer in Eile. Mit Schwung zerrte sie den Kabinenvorhang auf, drehte sich gleichzeitig noch einmal zurück und griff nach ihrer großen Einkaufstasche, die auf dem Hocker stand. Dabei stolperte sie über ihre eigenen Füße und verfing sich auch noch in einer tückischen Falte im Teppichboden. Hilflos taumelte sie vorwärts und fiel geradewegs in die Pullover hinein, die Nadine über dem Arm trug. „Oh Mist!“, keuchte sie fallend. Blusen und Tasche flogen in hohem Bogen durch die Gegend. Dann glitt sie langsam, wie in Zeitlupe, an Nadines eleganter Erscheinung zu Boden. Da kniete sie nun vor der Freundin, mit der sie während der Kindheit und der Jahre des Erwachsenwerdens alle großen und kleinen Geheimnisse geteilt hatte. Ungläubig starrte sie in die Höhe. „Mensch, Nadine!“, quietschte sie.

Die Angesprochene war sprachlos. Aber langsam verzog sich ihr Gesicht zu einem Lächeln, bis schließlich entzückende Grübchen in ihren Wangen entstanden. Dieser netten Äußerlichkeit hatte sie es zweifellos zu verdanken, dass ihr der Ruf vorauseilte, sie sei eine vertrauenswürdige, freundliche Person.

Nur Nadine wäre nicht Nadine, wenn sie

diese absonderliche Situation nicht umgehend beherrschen würde. „Hallo du fliegender Engel! Das ist ja eine echte Überraschung! Du bist wohl ein Gruß aus dem Himmel? Aber knien musst du wirklich nicht vor mir!"

Sprachs und nahm Karin flink die Blusen ab, die diese mit hektischen Bewegungen aufzusammeln begann. „Ist das peinlich!", stöhnte die kleine Dunkelhaarige. „Komm, gib her, ich hänge die Dinger wieder an."

Nur wenig später saßen die beiden nicht nur äußerlich so grundverschiedenen Frauen an einem Tisch im Cafe' des Kaufhauses.

Nadine, blond, elegant und sehr selbstbewusst, redete und redete. Dabei gestikulierte sie überschäumend, ihre braunen Augen schossen Blitze und die putzigen Grübchen signalisierten Herzlichkeit. Sie fiel auf, sie überzeugte, sie war der Siegertyp schlechthin und gewohnt, alle Blicke auf sich zu ziehen.

Die zierliche, dunkelhaarige Karin wirkte dagegen wie eine graue Maus. Mit ihrem praktischen kurzen Haarschnitt und schlicht gekleidet, wurde sie neben Nadines strahlender Dominanz unsichtbar.

Zurückhaltend und verunsichert beobachtete sie das faszinierende Mienenspiel der Blonden und ihre großen Gesten.

Ab und zu nickte sie bestätigend oder schüttelte leicht den Kopf. Dann wieder riss sie die Augen weit auf oder öffnete staunend den Mund. Viel mehr zu tun blieb ihr aber ohnehin nicht übrig, denn wenn hier jemand Überzeugungen heraussprudelte und sich präsentierte, dann war das die Blonde.

Während Karin so tat, als wäre sie voller Interesse, wehrte sich alles in ihr gegen Nadines Getue.

Du meine Güte, merkt Nadine nicht, wie sie sich vor mir produziert? Was quatscht sie sich da bloß zusammen? Die stellt sich ja wirklich über Gott und die ganze Welt!

Nadine empfand das jedoch ganz und gar nicht so. Zwischen temperamentvollem Erzählen und aufreizendem Lachen legte sie hin und wieder ihre sorgfältig manikürte Hand auf die kleinere von Karin, streichelte kurz darüber und sagte mit schmelzender Stimme: „Wie schön, dass wir uns endlich mal aussprechen. Das hätten wir schon lange tun sollen. Nicht wahr?“

Eine Antwort wartete sie gar nicht erst ab. Sie holte kurz Luft und redete auch schon weiter. Jetzt gab sie mit ihrem Kosmetiksalon an. Sie sprach von geschäftlichem Erfolg und nochmals Erfolg und dann begeistert von einigen Stadtberühmtheiten, die anscheinend zu ihren Stammkunden gehörten.

„Und das musst du dir mal vorstellen, Frau Doktor Bergmann hat neulich gesagt, das Ambiente bei mir findet sie so toll. Da, wo sie vorher zur Kosmetik war, bei der Nina, du kennst sie ja, muss es fürchterlich ausgesehen haben. Keinen Stil hat die. Alles viel zu eng, kein Geschick im Umgang mit den Kunden, na und überhaupt. Also, die Nina hat tatsächlich wohl noch bei der Arbeit nen Kittel an. Witzig, oder? Man muss doch nach was aussehen. Vor allem, wenn man solche Kunden behandelt! Und dann die Gegend, wo das Geschäft ist! Das kann man ja wirklich niemandem zumuten. Frau Doktor Bergmann kommt jetzt übrigens schon zweimal im Monat und neulich war sogar ihr Mann bei mir im Salon. Na, Herrn Bergmann musst du doch auch kennen, der ist doch Bürgermeister in Ritzdorf! Sag mal, was weißt du denn überhaupt?“

Karin schüttelte den Kopf und seufzte innerlich. Einerseits war sie unangenehm berührt durch Nadines Getue, andererseits aber auch irgendwie beschämt über ihre eigene Unwissenheit. Nein, also da konnte sie tatsächlich nicht mithalten. Der Bürgermeister von Ritzdorf wäre ihr, wenn überhaupt, höchstens aus der Zeitung bekannt. Aber auch daran konnte sie sich bei bestem Willen nicht erinnern, weder an den Namen, geschweige denn an ein Gesicht.

Als Krankenschwester, die in drei Schichten arbeitete, hatte sie ausreichend mit sich zu tun. Lokalgrößen irgendwelcher Art interessierten sie auch gar nicht. Jeder muss eben sehen, wie er mit seinem Leben klarkommt, war ihre Einstellung.

So ganz zufrieden war sie allerdings nicht. Ja, eigentlich hatte sie auch bereits ganz konkrete Vorstellungen von dem, was sie gerne tun würde. Aber Nadine würde das sicherlich überhaupt nicht interessieren.

„Nein, den Bürgermeister von Ritzdorf kenn ich nicht“, gab sie dann auch kleinlaut zu. Und damit gestand sie ganz klar ein, dass sie in Kreisen von Bürgermeistern und anderen Berühmtheiten weder verkehrte, geschweige denn erwartete, von ihnen mit Namen angesprochen zu werden.

Augenblicklich erkannte sie jedoch, dass dieses Eingeständnis ein Fehler war. Sie machte sich damit selbst klein und unwichtig.

Und wirklich, Nadines Grübchen vertieften sich, sie straffte sich noch ein wenig mehr und ihre Stimme wurde noch eine Spur schmelzender.

„Stell dir bloß mal vor – als ich vorgestern zehn Minuten später kam, stand die Verkäuferin von der Großbäckerei schon vor meiner Tür und trampelte. Na ja, mein Gott! Zehn Minuten! Die sind einfach mal drin! Die soll sich nicht so haben, wollte eh nur ne Maniküre. Und Trinkgeld gibt die auch kaum.

Weißt du, man muss die wichtigen Kunden einfach von den unwichtigen unterscheiden lernen, sonst macht man sich kaputt. Ich hab halt schneller gearbeitet, mit der weiß man sich ja doch nichts zu erzählen und hatte dann für Frau von Haferland mehr Zeit. Aber Karin, *der* Name sagt dir doch etwas oder?" „M-m!"

Wieder blieb Karin nichts weiter übrig, als verneinend den Kopf zu schütteln. Und schaudernd dachte sie bei sich, mein Gott, Nadine, krieg dich wieder ein! Diese Schmiererei klebt ja richtig. Du bist einfach nur peinlich!

Nein, diese Arroganz war nichts für Karin. Es tat weh, die ehemalige Freundin so reden zu hören.

Aus jedem ihrer Worte sprach ein so überzogenes Selbstvertrauen, dass es verletzte. Sie beweihräucherte sich ohne jede Selbstkritik und jeder Satz, den sie von sich gab, wirkte wie ein Gesetz. Nadine sprach es aus und so war es.

Karin war angewidert. Nadine, das kann doch auf Dauer nicht gutgehen, dachte sie bedrückt. Irgendwann fällst du damit mal gewaltig auf die Nase.

Einige Male versuchte sie noch, den Monolog zu unterbrechen, in der Hoffnung, die ehemalige Freundin würde auch gern etwas über ihr Leben hören, ihre Träume oder ihre Meinung kennenlernen. Aber sobald sie ein oder zwei Sätze gesagt hatte, schmetterte Nadine sie ab. „Mensch Karin, sei nicht so ein Unschuldslamm! Das ist doch total weltfremd! Wie kannst du nur!“

Für Karin war es schwer, die Fassung zu bewahren. Alles in ihr rebellierte. Am liebsten hätte sie Nadine ihren Saft in den Ausschnitt gekippt und wäre davongerannt. Aber sie tolerierte diese verletzende Selbstherrlichkeit aus einem Pflichtgefühl zur Höflichkeit. Also sagte sie einfach nur noch „Ja!“, nickte ab und zu und ließ Nadine reden, reden, reden.

Sie schaltete ab und hing ihren eigenen Gedanken nach, während sie die prahlende Nadine weiterhin mit runden Augen ansah. Dieses „aufmerksame“ Zuhören Karins schien Nadine zu immer weiteren Höhenflügen anzuspornen. Sie spottete, lästerte, schimpfte, kritisierte, schleimte.

Ein Gesicht wie ein Engel hat sie, dachte Karin. Wie viele Leute sind wohl darauf schon hereingefallen? Und dabei ist sie die personifizierte Boshaftigkeit.

Doch plötzlich wurde sie hellhörig. „Also Petra lass aus dem Spiel!“, fiel sie Nadine energisch ins Wort, als Petra, die dritte der früher unzertrennlichen Mädchen, ein Opfer der Tratscherei Nadines zu werden schien.

Nach einer schlimmen Ehe, während der sie aus Verzweiflung zu trinken begann und zweimal ins Frauenhaus flüchtete, ging es mit der jungen Frau immer weiter bergab. Karin stand ihr bei, wo sie es nur konnte, aber die Katastrophe ließ sich nicht aufhalten.

Als Petra in betrunkenem Zustand auch noch beim Klauen einer billigen Cremedose erwischt wurde, verbreitete sich das wie ein Lauffeuer. Die Leute zerrissen sich die Münder darüber. Am meisten Nadine, die sich öffentlich von der Freundin lossagte und sie bodenlos schlecht redete.

„Wieso verteidigst du die? Sich mit der in der Öffentlichkeit zu zeigen, wäre wirklich das Letzte! Das ist geschäftsschädigend und ruiniert den eigenen Ruf", meinte Nadine gerade im Brustton der Überzeugung.

Karin seufzte und empfand heißes Mitleid für die verspottete Freundin. Sie wagte aber nicht, Nadine zu widersprechen und schämte sich gleichzeitig für ihre Feigheit.

Dann gab sie sich einen Ruck, sah auf die Uhr und erklärte: „Tut mir leid, Nadine, aber ich muss gehen. Meine Schicht beginnt bald. Trink deinen Wein in Ruhe aus, ich verabschiede mich schon mal."

Sie hängte sich die Einkaufstasche über die Schulter, nahm den Autoschlüssel in die Hand und nickte Nadine freundlich zu.

Dann verließ sie mit schnellen Schritten das Lokal. Was soll man dazu bloß sagen. So ein erbärmliches Getratsche! Wie kann ein Mensch nur so voller Arroganz und Boshaftigkeit sein!

Nein, dieses zufällige Treffen hatte die alte Vertrautheit nicht wieder aufleben lassen. Im Gegenteil. Sie hatten sich in ganz verschiedene Richtungen entwickelt und ihre Vorstellungen vom Leben klafften weit auseinander.

Also gingen sie sich wieder Jahre aus dem Weg.

War die Entfernung groß genug, dann nickten sie sich von weitem zu. Ergab sich dummerweise eine gewisse Nähe, taten sie, als sähen sie sich nicht und gaben sich ungemein geschäftig von der Art: Verflixt, gerade jetzt muss mein Handy klingeln! Und die jeweils andere akzeptierte dieses Getue, verhielt sie sich doch bei Gelegenheit ebenso.

Die Zeit verging und an einem Frühlingstag, der voller Licht, Blüten, Duft und Hoffnung war, machten zwei gepflegte, junge Frauen einen Einkaufsbummel.

„Komm, Petra, lass uns noch ins Kaufhaus gehen! Ich brauch dringend ein paar Sachen, vielleicht habe ich ja Glück und mir gefällt heute etwas. Man kann ja nicht immer nur im Kittel rumlaufen. Suchst du nicht auch gerade irgendwas?"

Sie sahen sich an, lachten, hakten sich unter und strebten schwatzend dem Eingang des Kaufhauses zu. „Du, aber denk dran, nicht so dolle zu trödeln, Karin. Wir müssen heute nochmal an die Buchführung, mir war da noch etwas unklar."

„Machen wir, Petra, bleib locker. Heute ist der Salon dicht, wir haben Urlaub und ich brauch ne Hose!", grinste Karin die Freundin an.

Eine halbe Stunde später zwängte sich Petra mit einem Arm voller Sachen zwischen den dicht gestellten Kleiderständern hindurch. „Hey! Na, du bist ja nicht gerade bescheiden! Eigentlich wollte *ich* ja nach einer Hose sehen und *du* bist nur aus Gefälligkeit mitgekommen", spottete Karin gutmütig.

Petra tat schuldbewusst. „Eben typisch Frau“, sagte sie. „Will nix, braucht nix und kommt dann mit nem Arm voll Zeug aus der Klamottenabteilung. Aber ich gehe es trotzdem grad mal anpassen.“

Während Petra in der Kabine überlegte, für welche Stücke sie sich entscheiden sollte, interessierte Karin sich für eine Strickjacke. Sie verglich Größen, zog eine Jacke heraus und hielt sie mit ausgestrecktem Arm von sich, um das Muster auf sich wirken zu lassen.

Ein plötzliches Geräusch ließ sie zusammenzucken. Der Vorhang neben der Kabine, in der Petra sich umzog, wurde mit Schwung zur Seite gerissen. Ein grell geschminktes Gesicht war das erste, was Karin zur Kenntnis nahm. „Nadine, pass auf!“

Aber zu spät. Die blonde und gar nicht mehr elegante Nadine war etwas unsicher auf den Füßen. Sie verfing sich in einer tückischen Falte im Teppichboden, stolperte ungeschickt vorwärts und rutschte langsam an Karin hinunter.

Die ignorierte eine Alkoholfahne und half der einstigen Freundin hoch. „Nadine! Warte, ich helf dir. Hast du dir wehgetan?“ „Ach, quatsch doch nicht so! Was guckst du! Hier bist du doch auch schon mal hingefallen, oder? Kann doch jedem passieren!"

Langsam zeigte sich ein größer werdendes Stück Stoff unter Nadines Jacke. Offensichtlich war es durch die heftige Bewegung ins Rutschen gekommen. Wie gebannt starrte Karin auf herausfließenden, duftigen Voile, bis vor Nadines Füßen eine teure Bluse mit Preisschild lag.

Stumm bückte Karin sich.

Sie reichte Nadine die Bluse. „Bitte. Ich denke, das hängst du ganz schnell wieder an den Ständer!"„Oh! Hallo Nadine! Na, wie gehts? ...

Was ist passiert? Ihr guckt beide so seltsam?"

Fragend blickte Petra von Karin zu Nadine. „Was willst du Schlampe denn von mir!", fauchte die Angesprochene Petra an. „Und eins wollte ich euch schon lange sagen! Ihr habt mein Geschäft kaputtgemacht! Ihr habt es auf dem Gewissen, dass meine Kunden nicht mehr gekommen sind!" Nadines Alkoholfahne bemerkend, sah Petra fragend zu Karin. „Nein Nadine, so war es nicht! Und darüber müssen wir auch jetzt nicht sprechen! Für sein Leben ist jeder selbst verantwortlich und dein Missgeschick ist ganz sicher nicht unsere Schuld!“, entgegnete Karin. „Ach, sei doch still! Halt doch keine Reden, natürlich bist du schuld!“, rief Nadine noch einmal wütend und zerrte dabei an Petras Tasche. Es gab einen leichten Knacks. Der dünne Schulterriemen riss, die Tasche öffnete sich im Fallen und etliche Hochglanzprospekte glitten zu Boden.

Naturkosmetik
Wissen und Können garantieren Qualität!

Karin Arndt und Petra Seidel

Halleluja

Lied von Leonard Cohen

Mir träumte einst vor langer Zeit
das Weltenende wär noch weit,
ich brauchte mich nicht länger mehr zu sorgen.
Dann hört ich, wie die Stimme sprach,
der Friede läge längst schon brach,
woher soll ich mir Hoffnung nun besorgen.

Halleluja ...

Ideen fressen Menschen auf,
und nimmt das Unglück seinen Lauf,
dann gibt es nur noch Hass auf dieser Erde.
In jener tiefen Dunkelheit
ein Ruf ertöne Welten weit,
dass Liebe nur das Leben retten werde.

Halleluja ...

Wo Gier und Neid sind dominant
und unwert ist des Freundes Hand,

kann nur der Glaube Halt und Hoffnung geben.
Mein Herz ist nicht mehr sorgenvoll,
mein Mund singt jubelnd Dur und Moll,
und rings um mich der Engel Chöre schweben.

Halleluja ...

Text von Astrid Lingner

Der Affe und der Dschungelzauberer

Bimbo war ein kleiner, dreijähriger Affenjunge, ein richtig frecher Bengel. Ach, was sag ich da, er war nicht frech, er war unverschämt.

Vor nichts, aber auch gar nichts hatte er Respekt. Auf seine Mama hörte er überhaupt nicht und den Tanten und Onkeln zeigte er einen Vogel und streckte ihnen die Zunge heraus, wenn sie mit ihm sprachen.

Niemand fühlte sich vor ihm sicher. Die große Affenfamilie war nervös und unsicher, denn jeden Augenblick konnte etwas Schlimmes passieren. Was auch immer geschah, wenn es nichts Gutes war, konnte man sicher sein, dass der Affenjunge seine Finger im Spiel hatte.

Er machte sich gern und oft einen Spaß daraus, die sorgfältig gebauten Schlafnester in den Astgabeln der Dschungelbäume zu zerstören und das möglichst kurz bevor es dunkel wurde. Jeden wundervollen Stock, den die jüngeren Affen zum Spielen brauchten, zerbrach er. Er schüttelte die

Obstbäume, sodass die Früchte auf den Boden fielen und die Affen sie aufsammeln mussten, anstatt sie in sicherer Höhe zu pflücken.

Seiner geplagten Mama zeigte er den Stinkefinger, wenn sie ihn rief und, man glaubt es kaum, neulich packte er seine kleine Schwester am Schwanz und schwang sie mit lautem Grölen durch die Luft. Das Affenmädchen weinte und flehte ihn an, aufzuhören, doch das spornte ihn nur zu weiterer Grausamkeit an. Ganz plötzlich ließ er die Kleine los und sie flog mit einem Schrei in das stinkende Wasser des Sumpfes. Wenn die Mama nicht zufällig in der Nähe nach Wurzeln gegraben hätte, wer weiß, was dann passiert wäre.

Besonders gern quälte er die jüngsten Äffchen. Sein Einfallsreichtum sie zu ärgern und zu verletzen war grenzenlos. Sogar Affen, die viel größer und stärker waren als er, trauten sich nicht an ihn heran. Sie befürchteten, dass er sich in einem günstigen Moment auf grausame Art rächen würde.

Dann aber war es genug. Der allmächtige Dschungelzauberer hörte von Bimbos Missetaten und seiner Unbelehrbarkeit und er beschloss, einzuschreiten. Da Bimbo mit drei Jahren aber noch ein Affenkind war, wollte der Zauberer es ein einziges Mal im Guten mit ihm versuchen. Aber wirklich nur ein einziges Mal.

Er erschien in der Gestalt eines uralten Männchens, das sich beim Gehen auf dem Waldboden mühsam auf einen knorrigen Stock stützen musste. Der Alte humpelte auf den Affenjungen zu und versuchte, mit dem bösen Kind zu sprechen. Ihm sollte endlich klar werden, dass es irgendwann die Strafe für seine Taten bekommen würde. Es sei denn, Bimbo ändere sofort sein Verhalten.

Aber das Kind ließ das uralte Affenmännchen erst gar nicht zu Wort kommen. Kaum bemerkte es den Alten, bespuckte es ihn und trat gegen den Stock, sodass der Affe hinfiel. Als er klagend am Boden lag, wurde es von dem Affenjungen beschimpft. „Du lahme, alte Schnecke, guck dich bloß mal an, was du für eine klapperige Figur bist. Kaum verlierst du deine Krücke, fliegst du auch schon auf die Schnauze. Alter stinkender Kerl, geh zurück in dein Grab und mach nen Meter Erde darüber, damit man den Gestank nicht riechen kann."

Genau in diesem Moment war das alte Männchen verschwunden und an der Stelle, an der es eben noch stand, stieg ein feines Rauchwölkchen auf.

Bimbo war es gewohnt, dass alle Affen vor ihm davonliefen, und deshalb wunderte er sich nicht darüber, dass der Alte so plötzlich verschwunden war. Er überlegte kurz, wobei der ihn gestört hatte und was er gerade hatte tun wollen, dann sammelte er flink die wundervollen Spielstöcke der kleinen Affenkinder ein.

Er zerbrach den ersten Stock, dann den zweiten.

Plötzlich hörte er ein gewaltiges Fauchen hinter sich. Das war so laut und so voller Kraft, dass die Waldbäume hin und her schwangen. Dann trat der allmächtige Dschungelzauberer als riesiger Tiger verwandelt hinter einem Busch hervor.

Vor Entsetzen ließ Bimbo das Bündel mit den wundervollen Spielstöcken fallen, stolperte darüber, schoss einen dreifachen Purzelbaum und saß dann unmittelbar vor dem stinkenden, weit aufgerissenen Maul des Tigers. „Bbbbiittte friss mmmich nicht, lieber Tiger“, stotterte er voller Angst und zitterte dabei am ganzen Körper. „Kann ich irgendetwas tun, damit du mich in Ruhe lässt? Wie wäre es, wenn du nicht mich, sondern meine kleine Schwester fressen würdest?“, versuchte er, mit der Riesenkatze zu handeln.

Der Tiger schüttelte sich vor Abscheu. „Du bist wirklich das Allerletzte“, knurrte er. Mit durchdringendem Blick starrte er auf den zitternden Affenjungen. „Ich bin der Dschungelzauberer“, sagte er endlich. „Dein erbärmliches Verhalten ist mir zu Ohren gekommen und ich warne dich wirklich nur dieses eine Mal und dann nie wieder!“„Wwwas ssssoll iich ddenn tun?“, stotterte Bimbo. „Iiich mmmache aaalles, was du verlangst“, versprach er. „Ab sofort bist du zu jedem Affen freundlich und hilfsbereit!“, zischte der Tiger. „Wenn nicht, verzaubere ich dich in ein Plüschtier und schicke dich in das Kinderzimmer des bösesten Kindes, das dann all die schrecklichen Dinge, die du anderen angetan hast, mit dir machen wird. Hast du das verstanden?“

Bimbo war so verängstigt, dass er alles versprochen hätte, nur um mit heiler Haut aus dieser fürchterlichen Situation zu kommen. Er nickte stumm und weinte Tränen der Angst. „Vergiss mich nicht!“, knurrte der mächtige Tiger noch einmal und löste sich dann vor den Augen des zitternden Jungen in Rauch auf.

Genau zwei Tage war das Affenkind freundlich und manchmal sogar hilfsbereit. Die zahlreichen Tanten und Onkel, Cousins und Cousinen, die Mama natürlich und die kleine Schwester wunderten sich und glaubten, er sei vielleicht krank und zu schwach, um gemein zu sein. Aber am dritten Tag war es ihm zu langweilig, brav zu sein, und als er das erste Schlafnest zerrupft und drei kleine Affenjungen verprügelt hatte, überkam es ihn wie ein Rausch. Er schien alles nachholen zu wollen, was er in den zwei Tagen nicht getan hatte. Er zerstörte, prügelte, spuckte, fluchte, kniff, trat und klaute.

Selbst ein Gewitter hinderte ihn nicht, sein böses Tun einzustellen. Die Bäume bogen sich schon unter dem Sturm und dem prasselnden Regen, aber der Junge zerfetzte grölend ein besonders schönes, weiches Schlafnest, das einer Mama mit einem Baby gehörte.

Da zischte plötzlich direkt vor ihm ein Blitz in den Boden. Schlagartig konnte Bimbo sich nicht mehr bewegen und irgendetwas ließ ihn mit den donnernden Gewitterwolken durch die Luft fliegen.

Als er sich wieder besann, befand er sich in dem unordentlichen Zimmer eines Kindes, das gerade von einer Männerstimme mit „Franz“ gerufen wurde. „Mensch, Alter, halt die Klappe“, sagte ein Junge neben ihm. „Ich komme und gehe, wann ich will.“

Dann fühlte Bimbo, wie er am Schwanz gepackt und aus einem Regal gezerrt wurde. Er sah die Sommersprossen im Gesicht des Kindes und die Zahnlücke vor sich und begann sich vor dem Blick des Jungen zu fürchten. „Na dich kenne ich doch noch gar nicht“, grinste der. „Wer hat dich denn in meine Bude gezaubert? Du bist ja ein hässliches Vieh. So was Doofes wie dich muss man sofort entsorgen.“„Dass du nicht an den Ofen gehst, Franz“, hörte der Affe die Männerstimme wieder rufen. „Na klar Alter, mach ich doch glatt“, kreischte der Junge, ging zum Ofen, in dem ein Feuer knisterte und riss die Ofentür auf. „Da drin biste besser aufgehoben als in meinem Zimmer“, sagte er böse und schob den hilflosen Affen in die Flammen.

Urplötzlich quälte Bimbo ein furchtbarer Schmerz, der auch nicht eine Stelle seines Körpers verschonte. Der Affenjunge strampelte und schrie und schrie und wunderte sich, dass er sich wieder bewegen konnte und auch seine Stimme hörte.

Er spürte, wie Hände nach ihm griffen und ihn vorsichtig abklopften und abzupften. In viele vertraute Gesichter sah er, hörte tröstende Worte und begriff nach einer Weile, dass er nicht in einem Ofen brannte, sondern dass er im Schlaf aus seinem Schlafnest gefallen war und mitten hinein in einen riesigen Ameisenhaufen. Zahlreiche Ameisen hatten sich an ihm festgebissen und gaben ihm das Gefühl zu verbrennen.

Dann strich ihm jemand über den Kopf.

„So, mein Junge, die Ameisen sind abgesammelt. Du setzt dich nun an das Wasser und ich kühle die Bissstellen, damit das Brennen aufhört.“

Schluchzend blickte der Junge hoch und sah das liebevolle Lächeln seiner Mama. Neben ihr bemerkte er ein sehr altes Affenmännchen, das ihm sonderbar bekannt vorkam. „Ich bleibe auch bei dir und helfe mit, die Bissstellen zu kühlen", meinte der Alte und schob den Kleinen vorwärts zum Bach.

Mit gesenktem Kopf und immer noch schluchzend saß Bimbo am Wasser und ließ es dankbar geschehen, dass sein Körper sorgfältig gekühlt wurde. Auch dass etliche Affen mit mitleidigem Blick um ihn herumstanden störte ihn nicht, es tat ihm seltsamerweise sogar gut.

Da seufzte er tief auf und sagte leise: „Ich dachte, ich wäre verzaubert und müsste in einem Ofen sterben. Die Flammen habe ich richtig gemerkt. Sie haben sehr weh getan. Was bin ich froh, dass es nur die Ameisen sind, die so garstig brennen. Aber ich weiß nicht, ob es den Dschungelzauberer wirklich gibt. Wisst ihr, der hat das nämlich alles mit mir gemacht. Er hatte recht, ich war ein böses Kind. Ein sehr, sehr böses Kind. Aber wenn ich wieder gesund bin, will ich nie wieder so schreckliche Dinge tun. Ich verspreche, dass ich alle Kleinen und Schwachen beschützen und zu meiner lieben Mama und den Tanten und Onkeln nie wieder frech sein werde."

Er war so sehr mit seinen Gedanken beschäftigt, dass er nicht sah, wie das sehr alte Affenmännchen schmunzelnd den Kreis der sich um Bimbo kümmernden Affen verließ und sich in einem kleinen Rauchwölkchen auflöste.

Konflikt mit Krimi

Die Krimiausschreibung lief seit vielen Monaten. Ich hatte aber beschlossen, mich *nicht* daran zu beteiligen, weshalb, weiß ich nicht mehr. Aber je näher das Ausschreibungsende rückte, umso häufiger war in der Lokalpresse über die altmärkischen Krimifestspiele zu lesen.

Hm.

Es wurde April und damit war der Einsendeschlusstermin fast erreicht.

Hm.

Eigentlich ist es doch ein wenig schade, sich nicht daran zu beteiligen.

Ach nee. Ist schon in Ordnung so und am nächsten Freitag will ich verreisen, nun ist es eh zu spät.

An einem Sonntag, knapp eine Woche vor dem Schlusstermin, sitze ich in der Küche und denke darüber nach, worüber ich geschrieben hätte, wenn ...

Vor meinem inneren Auge sehe ich den Sargdeckel, der beim Blumengroßhandel Stottmeier herumsteht. Er dient als Modell für Beerdigungsgestecke und interessierte mich bereits seit einiger Zeit.

Hm. Vielleicht könnte ich ja doch …

Ein leeres Zeichenblatt ist schnell zur Hand. Zuerst krakel ich ziellos Strichmännchen, die sich um einen Sarg versammeln, und plötzlich ist er da, der springende Funke. Aus dem Gekritzel wird eine Handlungsskizze. Sollte ich nicht vielleicht doch noch?

Quatsch! Bis Donnerstag ist das unmöglich zu schaffen. Stift und Zeichenblatt werden beiseite gelegt.

Montag.

Ich tu‘s!

Aber die Zeit, mir auch noch einen komplett neuen Handlungsort auszudenken, habe ich nicht. Stottmeier muss herhalten!

Ich setze mich also an den Computer, schreib und lösche, überlege neu, schreib, lösche, schreibe neu, lösche wieder – arbeite wie besessen.

Dienstag wie Montag, Mittwoch wie Montag und Dienstag.

Es ist Donnerstag, ich muss meine Taschen für die Reise packen. Nebenher lese ich wieder und wieder, kürze auf die geforderte Zeichenzahl und … schick das Ding als Mailanhang los.

Ob das gut genug ist, um genommen zu werden???

Es wurde!

Aber wer mit dem Großhandelshof von Stottmeier vertraut ist, erkennt ihn unter Umständen in meiner Geschichte wieder. Schwierig, schwierig!

Hmm.

Das könnte unangenehm werden. Ich sollte besser gleich gestehen.

Das frisch gedruckte Buch in der Hand gehe ich zum Großhandelsbüro der Firma Stottmeier.

Ein kurzer Blick durchs Fenster – der jüngere Herr Stottmeier sitzt vor seinem PC. Ich klopfe verhalten und stehe dann verlegen vor dem Unternehmer.

Kleinlaut flüstere ich: „Herr Stottmeier – ich muss was beichten."

Ein bisschen fühle ich mich wie ein reuevoller Trickdieb. Aber die Stottmeiers sind für ihre Nettigkeit bekannt, vielleicht wird meine Beichte ja doch nicht so peinlich. „Na setzen Se sich erstmal, so schlimm wirds nicht sein."

„Doch. Ich hab Ihren Bruder ermorden

lassen."

Kontrollverlust

Er hörte das Kind weinen, bevor er es sah. Missmutig drehte er sich um. Er fühlte sich belästigt. Der Kleine schluchzte jämmerlich. Dicke Tränen rollten über sein verheultes Gesicht, die Nase lief und zwischen einzelnen Schluchzern versuchte er, mit seiner Zunge den störenden Rotz abzulecken.

Jonas verzog verächtlich das Gesicht. Wozu schaffen Weiber sich diese dauerflennende Brut an, wenn sie nicht bereit waren, ihren Gören das Gejaule abzugewöhnen?„Mama!“, quäkte das Balg. Und wieder: „Mama!“ Zu Füßen des Kindes bildete sich nun auch noch eine Pfütze, es schien sich in Flüssigkeiten aufzulösen.

Jonas schüttelte sich vor Ekel. Der Kleine spürte seinen Blick, tappelte auf ihn zu und hielt ihn am Jackenärmel fest. Angewidert wollte er ihn wegschieben, aber der Junge entwickelte erstaunliche Kraft, heulte weiter und schrie zwischendurch: „Ich will Mama!“

Einige Passanten wurden aufmerksam, blieben stehen und ein Mann machte Anstalten, auf Jonas zuzugehen. Erschrocken zog Jonas das Kind in Richtung des kleinen Gebüschs, das sich in etwa vierzig Metern Entfernung befand. Auffallen war das Letzte, was er wollte.

Vor den Sträuchern stand ein Eiswagen und an dessen Verkaufstheke rekelte sich eine aufreizend gekleidete junge Frau. In diesem Moment drehte die Blondine sich um, sah das Kind an der Hand des Fremden und fing an zu kreischen: „Lassen Sie den Jungen los! Sie Sittenstrolch! Der Kerl will gerade mein Kind entführen. Sehen Sie das? Bestimmt ist das der *Kinderschänder*, der gesucht wird!"

Sie war nicht zu bremsen, kreischte immer weiter, zeigte mit dem Finger auf ihn und genoss die Aufmerksamkeit, die sie mit ihrem Geschrei erzeugte. Der Mann, der bereits vorher den Eindruck erweckte, sich einmischen zu wollen, ging zielstrebig auf Jonas zu. Mit einem entschlossenen Griff nahm er den Kleinen auf den Arm, brachte ihn zu seiner Mutter und sagte: „Passen Sie in Zukunft besser auf Ihr Kind auf und beschuldigen Sie keine hilfsbereiten Menschen, den Jungen entführen zu wollen. Ach übrigens, ich bin Polizist."

Bei diesem Wort wurde die Blonde still, entriss dem Mann das Kind und verschwand hinter dem Eiswagen in Richtung Stadt. Der Polizist nickte Jonas freundlich zu und ging zurück zu seiner Familie.

Jonas wischte seine schweißnassen Hände an der Hose ab. Verdammt, das war noch mal gutgegangen. Er musste viel vorsichtiger sein, sonst saß er bis zum Ende seines Lebens hinter Gittern.

Das Fenster zur Seele

Uta war das, was man eine Küchenpsychologin nennt. Beim Kochen und Bügeln hörte sie leidenschaftlich gern Radiosendungen, in denen auf einfache Art psychologische Themen und Persönlichkeitsstörungen besprochen wurden. Zwar verstand sie nur wenig davon, war aber trotzdem bald der Meinung, sich mit den zahlreichen Störungen von Geist und Seele bestens auszukennen.

Bekannte und Nachbarn wurden von ihr beobachtet; sie analysierte Verhalten und Gesagtes und zog aus allem ihre Schlussfolgerungen. Besonders achtete sie auf den Ausdruck der Augen. „Sie sind das Fenster zur Seele“, sagte sie oft. Und: „Einem Menschen mit freundlichen Augen kann man stets vertrauen.“

Ein Nachbar, Herr Bein, ein Mann mit einem warmen Blick, wurde bald ihr bevorzugter Gesprächspartner.

Eines Tages im November fand man am Fluss eine Frauenleiche. Sofort fühlte Uta sich bemüßigt, mit ihren Fähigkeiten als

Profiler auf Mördersuche zu gehen. Sorgfältig notierte sie ihre Ermittlungsschritte und tatsächlichen kleinen Erfolge. Bald war sie davon überzeugt, dass der Verbrecher in der näheren Umgebung ihres Hauses leben müsse. Detailliert schilderte sie Herrn Bein ihre Annahme. Er lobte sie und schloss sich ihrer Meinung an.

Eines Abends, es war längst dunkel, brachte Uta einen Müllbeutel nach draußen. Sie freute sich, am Container Herrn Bein zu treffen, dessen freundlicher Blick sie umfing und vertrauensvoll lächeln ließ.

Der Schlag auf den Kopf kam überraschend. Das Letzte, was die sterbende Uta sah, waren die freundlichen Augen von Herrn Bein.

Flohmarkt

Jana starrte auf das weiße Blatt und verzweifelte an ihrer Unfähigkeit. Sie sollte sich für die Schule im Zuge der Projektwoche, über Flohmärkte, sowie Sinn oder Unsinn derselben, Gedanken machen. „Mir fällt nichts ein!“, murmelte sie schließlich. „Ich muss dabei sein. Gibt‘s heute nicht irgendwo hier in der Gegend einen Flohmarkt?“

Sie suchte im Internet und fand einen Markt in Gartow am See. Um das Hinkommen machte sie sich erst einmal keine Sorgen.

Um elf Uhr stand sie an der Bundesstraße, um zu trampen. Die ständigen Warnungen ihrer Eltern, nie, aber wirklich niemals in ein fremdes Auto zu steigen, hielt sie für sehr übertrieben. Was sollte zu dieser Tageszeit schon passieren!

Sie trödelte ein paar Schritte, als sie ein Auto hörte. Noch bevor sie sich umdrehte, riss sie bereits den Arm hoch, um zu zeigen, dass sie eine Mitfahrgelegenheit suchte. Der Wagen bremste und ihr entfuhr ein überraschtes: „O nee!“ Dann hörte sie die Bassstimme des Fahrers, blickte in dessen Richtung und bekam einen noch größeren Schrecken. „Na Mädchen“, dröhnte ein schmuddeliger Alter mit langen Haaren und in einem mit Farbe bekleckerten Overall. „Willste mit? Ist gefährlich, was du hier machst, das weißte woll, oder?“

Entsetzt schüttelte Jana den Kopf und stotterte:

„Mei… mein Freund nimmt mich mit, ich dachte, das wär er.“

„Pass gut auf dich auf!“, grüßte der Mann und raste davon. Plötzlich fand sie die Idee hier zu stehen, gar nicht mehr so gut.

Gleich darauf hielt ein auf Hochglanz poliertes Cabrio neben ihr und ein sympathischer Typ sagte: „Steig ein. Ich fahr dich. Mach gerade ne Spazierfahrt.“

Erleichtert ließ sie sich in das Lederpolster sinken.

Bald unterhielten sie sich, als seien sie die besten Freunde. Jana fühlte sich pudelwohl. Plötzlich fiel ihr auf, dass die Richtung, in die sie fuhren, nicht stimmen konnte. „Müssten wir nicht hier auf der Bundesstraße bleiben?“, fragte sie verwirrt. „Weshalb sind Sie abgebogen?“

Der Fahrer drehte ihr kurz das Gesicht zu. „Ich nehm ne Abkürzung. Hier kenn ich mich aus. Wir sind gleich da.“

Trotzdem fühlte sie sich unbehaglich. Vorsichtig tastete sie nach ihrem Handy. Die Felder links und rechts der Straße waren dichtem Mischwald gewichen. Als der Mann in einen Waldweg einbog, war ihr augenblicklich klar, dass sie einen schrecklichen Fehler gemacht hatte. Das Auto hielt. Jana versteifte sich in Panik.

In diesem Augenblick gellte eine Polizeisirene hinter der Kurve, ein klapprig aussehendes, aber erstaunlich schnelles Auto schoss auf den Weg und bremste hart. Heraus sprangen der schmuddelige Alte und zwei Polizeibeamte. „Stehen bleiben!“, dröhnte der bekannte Bass und umgehend hatte der Fremde Handfesseln an. „Na Mädchen, so sieht man sich wieder“, grinste der Mann, zeigte nebenbei einen Ausweis und stellte sich als verdeckter Ermittler vor. „Glück gehabt. Der Typ wird in vier Bundesländern gesucht.“ Dann schüttelte er missbilligend den Kopf: „Dass Frauen sich doch immer wieder auf die gleiche

Weise in Schwierigkeiten bringen!“

Die Sau Jolanda

Die Enge war qualvoll. Von der Masse der Leiber an die Innenwand des Fahrzeuges gepresst, bohrte sich ein weit herausstehendes Stück Metall tief in ihr Fleisch. Sie wusste, dass sie stark blutete, aber eine Veränderung ihres Platzes war nicht möglich.

Direkt an ihrer Schnauze kotete ein anderes Tier. Der Angstkot floss Jolanda über den Kopf. Sie kannte den Namen der anderen nicht.

Von einer kaum überschaubare Masse an rosigen Leibern wurde sie immer heftiger gegen das Metall gequetscht. Blut strömte über ihren Körper. Auf dem Rücken spürte sie eine Leidensgenossin und fürchtete, dass ihre geschwächten Beine unter dem zusätzlichen Gewicht nachgeben würden. Das durfte nicht passieren, denn dann würde sie gnadenlos totgetrampelt werden. Sie selber stand bereits seit Stunden auf dem nur noch selten zuckenden Körper einer Artgenossin, die den Anstrengungen dieser

Fahrt nicht gewachsen war.

Jolanda fiel das Atmen schwer. Ab und zu gelang es ihr, den Rüssel der kleinen Spalte an der Bretterwand des Wagens, die seiner Belüftung diente, zuzurecken. Das war allerdings nur eine geringe Erleichterung, denn die Angstausdünstungen und Ausscheidungen der vielen Mitfahrenden bildeten über der Ladefläche einen fast kompakten Zustand. „Durst", ächzte das Schwein auf ihr. „Ich habe solchen Durst!"

Achtundzwanzig Sauen stöhnten gemeinsam auf. „Mir ist so schlecht", jammerte die Sau vor Jolanda. Sie schloss die Augen. Ihr Kopf pendelte eine Zeitlang hin und her und hin und her, dann sackten ihre Beine weg und sie verschwand aus Jolandas Blickfeld. Sofort stellte sich ein anderes Schwein auf sie und versuchte verzweifelt, das bisschen Mehr an Platz für sich auszunutzen.

Irgendwann meinte Jolanda, die Schmerzen ihrer Verletzung und der gepeinigten Muskeln, die Atemnot und den grauenvollen Durst nicht länger ertragen zu können. Sie spürte, wie sie einer Ohnmacht nahekam. Jetzt half ihr das Metallteil zu überleben. Immer wenn der Druck der anderen Leiber etwas nachließ, zog sich das Teil aus ihrem Körper, um dann sogleich umso heftiger zurückgestoßen zu werden. Jedesmal quietschte sie vor unsagbarer Pein laut auf, aber der Schmerz half ihr, bei Bewusstsein zu bleiben.

Plötzlich war die Fahrt vorbei. Bremsen quietschten und mit heftigem Ruck wurden die Schweine zusammengestaucht. Gemeinsam schrien sie in ihrer blutigen Verzweiflung.

Jolanda hörte, wie hinter ihr die Ladeklappe bewegt wurde. Ein Strom frischer Luft flutete über die gequälten Körper. Etwas war nun anders. Ganz anders.

Raue Stimmen brüllten, sie hörte das Klatschen von Stöcken auf den blutverschmierte Rücken.„Die Viecher wolln nicht runter!“, brüllte jemand. „Bring mal die Picke!“

„Nein“, sagte eine leisere Stimme. „Damit tust du ihnen weh!“ „Na, das ist ja wohl jetzt ein Witz oder? Morgen sind das sowieso Koteletts!“

Dann hörte sie ein mitleidloses Lachen, das ihre Borsten erzittern ließ. Knüppel prügelten auf Leiber ein, Stöcke mit langen spitzen Haken wurden in Fleisch getrieben und ließen die Borstentiere in Todesangst die Schräge der Ladeklappe hinunter stolpern.

Jolanda stürzte. Sie brach sich ein Bein und das Letzte, was sie sah, war ein strahlend blauer Sommerhimmel mit einzelnen weißen Federwölkchen.

Etwas rüttelte an mir und sagte mit sanfter Stimme: „Komm zu dir. Du hast schlecht geträumt. Sieh mal, draußen lacht die Sonne, es wird ein herrlicher Tag."

Verwirrt blickte ich auf meinen bereits angezogenen Mann und dachte voller Dankbarkeit: Welch ein Glück, dass ich auf dieser Seite des Flusses bin.

Die Apfelkönigin

Der Besenstiel fiel so plötzlich auf die Straße, dass der Radfahrer keine Möglichkeit zum Ausweichen hatte. Jetzt zahlte sich seine ungestüme Fahrweise aus. Im Bruchteil einer Sekunde riss er das Fahrrad hoch und sprang damit über das Hindernis.

Er bremste und sah sich wutschnaubend um. Zum Teufel, was war das gewesen?

Unmittelbar am Radweg stand eine alte, unglaublich dicke Frau, mit kreidebleichem Gesicht. Ächzend presste sie die rechte Hand dahin, wo irgendwo unter ihren Massen das Herz schlagen musste. Mein Gott! Ist das ne bescheuerte Alte!, dachte er zornig. Soll se doch im Bett bleiben, wenn se nicht mehr Herr ihrer selbst ist.„Mensch, Frau!“, fauchte er, „Könnse nicht aufpassen!“

Sie schnaufte irgendetwas, dann sackte sie in sich zusammen. Fassungslos blickte er auf die unförmige Gestalt zu seinen Füßen.„Na, deshalb müssen sie nicht gleich ohnmächtig werden, ist ja nochmal gut gegangen!“, versuchte er seine plötzlich aufkommende Verlegenheit runterzuspielen. Er spürte, wie die Dicke begann, ihm leid zu tun.

Sie lag da, sie rührte sich nicht. Hilfe suchend sah er sich um. War hier denn niemand, der ihm behilflich sein konnte? Die Alte musste wenigstens erstmal vom Radweg auf die Stufen zu ihrem Haus gewuchtet werden. Aber die mittägliche Straße lag wie ausgestorben vor ihm. Er hockte sich hin und arbeitete hart, um die Frau in sitzende Stellung zu bringen. Verflucht, was tat man in solcher Situation?

Sollte er die 112 wählen? Nein, erstmal Wasser. Wasser! Er klickte die Wasserflasche von der Stange seines neben ihm liegenden Rennrades ab und ließ es über ihre Stirn rinnen. Gleichzeitig klopfte er auf ihre Wangen. Nach einiger Zeit begannen ihre Lider zu flattern und sie öffnete langsam die Augen.

Er zuckte zusammen. Wunderbar blaue Augen, von einem Blau, wie er es nie zuvor gesehen hatte, sahen ihn hilflos an. „Was ist los?“

Bevor er antworten konnte, klappte in der

Nähe eine Tür. Schnelle Schritte näherten sich und eine Männerstimme rief: „Mensch, Henny, du kannst doch nicht in der Mittagshitze auf die Straße gehen! Nun ist es wieder passiert!“

Ein jüngerer Mann beugte sich fürsorglich zu der Dicken und sah dann den Radfahrer an.„Hey, rutsch mal n Stück. Du rechts, ich links und bei drei hoch mit ihr und auf die Treppe.“

Als sie endlich dort im Schatten saß, die Wasserflasche des Fremden in der Hand, kehrte Farbe in das schlaffe Gesicht zurück.

Die Männer sahen sich an. „Uff, noch einmal gut gegangen! Danke, dass du so schnell reagiert hast.“ Die Hand hinstreckend: „Ich bin Fredo.“ Er lächelte dabei.

Der Fahrer musste erst einmal tief ausatmen. „Was heißt hier schnell! Sie hat mir ihren Besen genau vors Rad geknallt!“, setzte sich noch einmal kurz sein Zorn durch. „Wir hätten ebenso gut jetzt beide hier liegen können.“„Aber ist ja gut gegangen“, beruhigte ihn der andere.“„Na dann – ich bin Henner.“

Nun wollte Fredo es genau wissen. Henner wiederholte noch einmal den Vorfall, meinte dann aber: „Sollten wir nicht einen Arzt rufen?“„Das ist wohl nicht nötig, das passiert ihr ab und zu. Wir hier in der Straße wissen das alle und sehen jeden Tag nach ihr. Sie leidet unter einer Form von Epilepsie. So genau kenn ich mich da auch nicht aus. Sie tritt dann mal kurz weg, ist aber nach wenigen Minuten wieder bei sich. Meistens merkt sie das kurz vorher und legt sich noch schnell aufs Sofa.“

Henner blickte der Dicken ins Gesicht. Jetzt lächelte sie, nahm seine Hand und sprach mit einer angenehmen freundlichen Stimme.„Es tut mir so leid, dass Sie fast zu Schaden gekommen sind. Fredo hat ja so recht, ich sollte nicht in der Mittagssonne raus, aber die Blätter auf der Straße haben mich gestört und mir ging‘s ja bis dahin gut!“

Ein tiefer Seufzer entrang sich ihr und plötzlich kullerten Tränen aus den wunderschönen blauen Augen. Henner konnte nicht anders, er nahm sie in den Arm und streichelte ihren Rücken.

Fredo schmunzelte. „Weißt du, komm doch mal wieder vorbei. Wenn du sowieso unterwegs bist, kannst du einfach bei Henny oder mir klingeln. Du bist immer gern gesehen."

Als Henner sich verabschiedete, fiel ihm sein ursprüngliches Ziel wieder ein. In dem Dorf Zylsen sollte heute die Apfelkönigin gewählt werden.

Schon bevor er auf dem Dorfplatz ankam fielen ihm die zahlreichen Autos auf und dann – sieben schöne junge Frauen in entzückenden Kleidern, mit ausgefeiltem Make-up und mehr oder weniger aufgesetztem Lächeln.

Die Garderobe war zum Teil so pompös, dass sie aus einer längst vergangenen Epoche zu stammen schien. Nur ein Mädchen war einfach gekleidet. Schmale Trägerchen hielten das knielange leuchtend blaue Gewand, das ganz ohne Rüschen und sonstigen Schnickschnack auskam und mit seiner schlichten Schönheit schmeichelnd die Figur der Trägerin umspielte.

Gab es Liebe auf den ersten Blick? Um Henner jedenfalls war es geschehen. Er starrte und starrte und sein Gehirn war ausgeschaltet. Er stützte sich auf sein Rennrad und sah nur noch – blau. Nun mussten die jungen Frauen sich einigen Aufgaben stellen. Henner staunte zwar über das Wissen der Bewerberinnen, ließ aber die Schönheit in Blau nicht einen Moment aus den Augen. Als eine der Kandidatinnen besonders klug und umfassend geantwortet hatte und ein großer Applaus aufbrandete, wandte ihm das Mädchen im schlichten Kleid plötzlich das Gesicht zu und zuckte resigniert mit den Schultern. Henner blickte sie voll an und hob in plötzlichem Entschluss beide Daumen. Er murmelte dabei:„Du bist die Beste! Mach deine Sache gut!“

Sie hieß Henriette und wurde als nächste und letzte aufgerufen. Mit anmutigen Bewegungen bestieg sie die kleine Bühne. Sie wirkte so gar nicht affektiert, war so natürlich und gab dazu kluge Antworten – er war nur noch hin und weg. Ebenso schienen die Juroren das zu sehen. Wie auch immer – Henriette wurde zur neuen Apfelkönigin mit allen daraus resultierenden Rechten und Pflichten gekürt.

Spät am Tag verabredeten sich die beiden. Als Henriette ihn korrigierte, er möge doch Henny zu ihr sagen, das sei sie so gewohnt, fiel ihm die dicke Henny wieder ein und da hatte er eine Idee ...

Am folgenden Wochenende fuhr er mit ihr zu Fredo und sie sprachen mit ihm die letzten Feinheiten ihres Vorhabens ab.

Um fünfzehn Uhr läuteten sie bei der dicken Henny. Die alte Frau freute sich ungemein über den Besuch, bat ihn gleich in die Wohnung und sagte: „Ich habe einen Apfelkuchen gebacken, bitte setzen Sie sich! Nehmen Sie Platz und – gleich ist der Kaffee fertig, ach, ich freue mich ja so!“

Während sie in der Küche hantierte, stellten ihr die drei abwechselnd, wie nebenbei, Fragen zu den Äpfeln in ihrem Garten, zu verschiedenen Sorten, und was sie daraus herzustellen gedenke. Fröhlich und souverän antwortete die Alte. „Ja, sie hat‘s verdient. Also wirklich. So ein Wissen, einfach toll.“

Fredo grinste: „Hab ich doch gesagt!“

Als die dicke Henny zurück ins Wohnzimmer kam mit den Worten: „Also das Tablett ist gepackt, tragen sollte das einer von euch Jungs!“, war sie irritiert und erstaunt, dass die jungen Leute mit feierlichem Gesichtsausdruck nebeneinander standen.

Fredo hielt einen wundervollen Blumenstrauß in der Hand, Henner einen Zweig mit prallen, roten Äpfeln und die junge Henny entfaltete ein mächtiges Stück Stoff aus einem federleichten himmelblauen Material.

„Was soll … was muss ich jetzt … ich versteh nicht ...“ , stammelte die dicke Henny ratlos.

Dann sprachen sie: „Liebe Henny, wir bescheinigen dir ein grandioses Wissen über Äpfel und gratulieren dir nun ganz herzlich. Wir haben dich zur Apfelkönigin dieses Dorfes gewählt.“

Selten war wohl ein Mensch so glücklich. Die dicke Henny saß zwischen ihren jungen Freunden, eingewickelt in das himmelblaue Tuch, was wunderbar zu ihren blitzeblauen Augen passte, hielt den Apfelzweig fest umklammert und genierte sich nicht dafür, dass Glückstränen ohne Ende über ihre dicken Wangen rollten.

Eintrag bei Wikipedia

Die Reproduktion von Allergikern

Allergiker explodieren in einem gewaltigen Nieser.

In Sekundenbruchteilen zerfetzen sich ihre Körper in unzählige Kleinstteile. Viele davon fallen zu Boden und sterben ab.

Die Masse jedoch wird durch die Druckwelle in die Gegend geschossen, allerdings nie höher, als der Mensch groß war. Sie kleben sich mit ihrem Spezialkleister an Gegenständen und Pflanzen fest. Immer nur wenige Zellen, die augenblicklich beginnen, sich zu teilen, zu vervielfältigen und zu fressen. Sie verstoffwechseln alles, von Pflanzenteilen, über Holz, sogar Plastik. Lediglich Metalle meiden sie.

In etwas mehr als vierundzwanzig Stunden wird aus einem Zellhäufchen eine funktionsfähige Raupe. Auch diese kennt als einzigen Daseinszweck nur die Nahrungsaufnahme. Nach fünf Tagen hat sie die Größe von fünfzig Zentimetern erreicht und kriecht durch die Gegend, um einen günstigen Platz zum Verpuppen zu finden. Das sollte innerhalb von zehn Minuten geschehen, ansonsten stirbt der Fötus. Besonders beliebt bei Allergieraupen sind Tischunterseiten. Nicht selten sah man Tische, unter denen dicht an dicht gedrängt, die halbmeterlangen Puppen hingen. Einmal verpuppt, dauert es zwölf Tage, bis der Kokon reißt und sich daraus ein winziger, niesender Mensch, ein sogenannter Allergiker, herauswindet.

Um die Vermehrungsrate dieser unbeliebten Spezies einzuschränken, sollen ab 2021 alle Tische vernichtet und ein Neukauf verboten werden.

Metamorphose

Dem Jungen an der Tafel wurde abwechselnd heiß und kalt. Seine Hand zitterte, als er in rasendem Tempo die Formeln an die Tafel schmierte. Oscar, das Genie, aber mit einem Selbstbewusstsein im Minusbereich.

Sein Wissen war enorm. Aber wie geht ein Sechzehnjähriger damit um, wenn sein Körper schmächtig ist, dafür die Brille umso größer und die Ohren flugbereit sind?

Oscar war die Witzfigur der oberen Klassen.

Gerade hatte er ohne jede geistige Anstrengung eine schwierige Aufgabe an der Tafel gelöst und wusste, dass sein Lehrer gespannt seinen gemurmelten Worten lauschte, um sie bei passender Gelegenheit als eigene Gedanken auszugeben. Ausgenutzt und ausgelacht, das war Oscars Alltag. „Oscar, sprechen Sie jetzt über Ihren Lösungsweg, wenden Sie sich dabei der Klasse zu!“

Ein Schauer durchlief ihn. Zur Klasse sprechen! Der Albtraum überhaupt. Er drehte sich um – und nieste. Sechsmal hintereinander. Kichern und glucksen bei den Mädchen und lautes Mitzählen bei den Jungen. Verdammt! Und die Nase lief! Er schniefte ins Tuch und stand augenblicklich in einer Wolke aus Kreidestaub. Das Grölen explodierte, die Schüler brüllten. Selbst Herr Früchtegut grinste.

Oscar hatte im Zuge der entsetzlichsten Verlegenheiten die Tücher verwechselt und in den Tafellappen geschnäuzt.

Er hätte sterben mögen.

Aber dann? Etwas zerriss in ihm. Es zerstörte, was er bislang war, verquirlte die Reste davon und richtete sie neu aus. Die Metamorphose vollzog sich vor aller Augen. Der Junge schien zu wachsen, ein Schmetterling schlüpfte aus seinem Kokon.

Das mit Kreidestaub verschmierte Gesicht erstarrte, das Taschentuch fiel zu Boden, wie die Hülle des abgestreiften Kokons. Mit steifen Schritten ging er den Gang zwischen den Stuhlreihen entlang und verharrte vor seinem größten Widersacher. Lasse war im Sitzen so groß, wie Oscar im Stehen. Aber jetzt saß er und beide waren auf Augenhöhe. Totenstille im Raum.

Urplötzlich schnellten Oscars Hände vor

und prügelten mit rasender Geschwindigkeit in Lasses verhasstes Gesicht. Zweiundzwanzig Schüler stöhnten gemeinschaftlich auf. Ein letzter harter Schlag landete auf Lasses Nase, aus der augenblicklich das Blut schoss. „Du elender Mistkerl!", zischte Oscar. Lasse ließ den Kopf hart auf den Tisch fallen und Oscar schritt mit erhobenem Haupt aus dem Raum.

Am nächsten Tag erzählten sich die Schüler aufgeregt die unerhörten Neuigkeiten. Der ständig verlachte Oscar hatte seinen gemeinsten Feind fast krankenhausreif geschlagen. Und nun rief das sonst so schüchterne und dauernd verlegene Genie Schüler zu einem Gedankenaustausch auf.

„An alle Schüler, die einen angemessenen IQ besitzen! Ich eröffne eine Denkbar. Jeden Mittwoch ab 17.00 Uhr lade ich zu einer Diskussionsrunde in die Gaststätte „Zum Fliegenfänger" ein."

Schon seltsam, wie sich plötzlich etliche Leute davon angesprochen fühlten. Lasse allerdings war nicht unter ihnen, aber er war auch nicht zum Unterricht erschienen.

Tage später fand man seinen toten Körper im Fluss treibend.

Man vermutete einen Suizid. Was auch sonst! Schließlich war es undenkbar, dass Oscar etwas mit seinem Tod zu tun haben könnte.

Ach, wie schwer ist Hühnerzucht!

Zwei Hühnerchen besitzt die Erna,
die sie erstand bei Bauer Werner.
Nun harret sie frustriert der Dinge,
dass jedes Hühnchen Nachwuchs bringe.

Gevatter Karl vom Nachbarhof
grinst Erna an: „Mensch, bist du doof!
Die Sorge kann ich ganz schnell schlichten,
ein Hahn muss her, der wird‘s schon richten.“

So kommt ein Hahn denn auf den Hof,
Frau ist nun schlau, doch Hahn ist doof.
Er ist zwar prächtig anzusehn,
nur – als Erzeuger zu bequem.

Ach, endlich dann, nach neun Versuchen,
die Hennen hört man förmlich fluchen,
gelingt‘s dem Hahn, wenn auch mit Nöten,
die Hennen zögerlich zu treten.

Der Friede ist jetzt hergestellt,
es ist ne kleine, heile Welt,
und Erna streicht die Tage an,

wann sie mit Küken rechnen kann.

Sommer ist's und gutes Wetter,
der träge Hahn wird stetig fetter.
Und irgendwann, oh welche Not,
liegt er im Gras. Der Hahn ist tot!

Wie als Ersatz für diesen Dicken,
hört man es in den Eiern picken.
In Ernas Seele leuchtet's auf,
vier Kükchen kommen dort heraus.

Die Zeit vergeht, die Küken wachsen,
und Erna will die Sache taxen.
Was ist nun Huhn, was ist jetzt Hahn?
Wo guck ich oder fass ich an?

Aber dann nach ein'gen Wochen,
kommt die Wahrheit angekrochen.
Ganz voller Eifer sieht sie nun,
zwei Hähne sind's und zwei sind Huhn.

Und wieder geht die Zeit ins Land,
die Erna ist schon sehr gespannt,
ob wohl die beiden jungen, zarten
das tun, worauf die Hennen warten?

Doch, Erna, schau, der Hahn ist tot!
Der zweite schon, es ist ne Not!
Er starb beim ersten Tretversuch,
auf dieser Rasse liegt ein Fluch!

Der letzte Hahn, das ist der freche,
und der bezahlt die ganze Zeche.
Er jagt die Hennen, was er kann,
von Kopf bis Fuß ein ganzer Mann.

Jetzt schlägt das Schicksal grausam zu.
Die Hennen kriegten niemals Ruh.
Sie sterben nun an schwachem Herzen.
Wie bitter! Welche Seelenschmerzen!

Vor Kummer dreht die Erna durch.„Du bist
kein Hahn, du bist ein Lurch!
Schon morgen wirst du Suppe sein!
Du bist kein Hahn, du bist ein Schwein!“

Jetzt kauft sich Erna ihre Eier,
wie früher auch, bei Bauer Meier.

Das Gejammer über das Gejammer

Ich betrat ihren Laden und sah meiner Freundin sofort an, dass irgendetwas nicht stimmte. Keine Spur eines Begrüßungslächelns oder einer herzlichen Umarmung. Stattdessen starrte sie mich verkniffen an und polterte los: „Na hoffentlich verschonst du mich jetzt wenigstens mit Katastrophengeschichten“.

Diese Garstigkeit machte mich sprachlos. Ich war total irritiert und wollte im ersten Moment meinem Fluchtreflex nachgeben. Aber mein Unterbewusstsein blockte dieses Vorhaben ab, indem es mich daran erinnerte, dass wir seit vielen Jahren ziemlich durchgängig befreundet waren.

Allerdings steigerte sich meine Verblüffung noch, als Gisela tief einatmete, ihr Gesicht sich auch nicht nur ansatzweise entknitterte, und sie dann wie gut geschmiert loszeterte.

Innerhalb einer Sekunde war mir klar, dass das ein längerer Monolog werden würde, aber auch, dass ich jetzt mit lange angestautem Ärger zugeschüttet würde.

Also stellte ich mich auf zuhören ein, lehnte mich gegen die Ladentheke, versuchte trotz allem möglichst freundlich auszusehen und ließ sie schnattern. Ich dachte, das wäre in dieser Situation wohl das Beste, was ich tun könne und ein Freundschaftsdienst außerdem.

Gisela schien in einem Chaos von Emotionen zu versinken. Sie spuckte wie ein Maschinengewehr, pausenlos ratternd, ihre Wut und Enttäuschung auf alles und jeden, in die verbrauchte Luft ihres kleinen Ladens. Noch nie hatte ich sie so aufgebracht erlebt. Die Worte tobten an mir vorbei, ohne dass ich aus ihnen klug wurde.

Erst Minuten später ging ihr die Puste aus. Erschöpft ließ sie sich auf einen Hocker fallen und ranzte mich an: „Na, nun sag du doch auch mal was dazu!"„Äh, ja."

Dieser klägliche Kommentar meinerseits reichte ihr aber aus, um frisch gestärkt erneut loszulegen.

Das Bimmeln der Ladenglocke empfand ich als Erlösung, denn nun musste Gisela von mir ablassen. In einem so kleinen Laden ist ein Kunde nicht nur König, sondern mindestens ein Kaiser.

Meine Freundin sprang auf, stieß dabei fast den Hocker um, begrüßte die Kundin erstaunlich friedfertig und sprach sie höflich mit Namen an. Dann grinste sie etwas verlegen zu mir herüber.

Neun Handtaschen später erklärte die Dame mit einem seltsamen Seitenblick zu mir, sie würde sich den Kauf nochmal überlegen und ganz sicher käme sie noch einmal vorbei. Mit einem kühlen Kopfnicken zu Gisela, mich komplett ignorierend, verabschiedete sie sich.

Nach diesem kurzen Intermezzo hatte ich den Eindruck, dass die Spannung etwas aus der Luft sei, und wagte meine ersten vorsichtigen Worte an Gisela: „Geht‘s dir jetzt besser, Gisi? Du hattest ja wohl ziemlichen Psychonotstand. Ist natürlich Pech für mich, dass ausgerechnet ich dir gerade jetzt vor die Füße gefallen bin. Mich hat‘s voll erwischt. Wenns dir aber was gebracht hat, lass uns zur Normalität übergehen. Also, was wolltest du mir eigentlich sagen? Aber bitte jetzt in Kurzform und wenn möglich, nicht mit solchem Gefühlsausbruch.“„Kurzform willste? Kannste haben.“

Sie schniefte lautstark in ihr Taschentuch, griente mir versöhnlich zu, schob endlich Hocker Nummer zwei gegen meine Rückseite, damit auch ich mich setzen konnte, und fing an: „Eben, die Frau Meerbach, denkst du etwa, die wollte wirklich ne lila Handtasche kaufen? Die ist doch bloß in meinen Laden gekommen, um zu tratschen. Die wollte ihren Ärger über die Nachbarn loswerden. Nun konnte sie nicht so, wie sie wollte, weil du hier warst.

Mein Geschäft liegt nun mal blöderweise im Zentrum. Und eigentlich ist das ja auch gut so.

Aber von dreißig Leuten, die hier reinkommen, kaufen höchstens zwei was. Dreißig latschen mir aber den Teppich dreckig und siebenundzwanzig lassen ihren ganzen Seelenmüll bei mir zurück. Weißt du, was ich jeden Tag für'n Scheiß zu hören krieg?

Tratsch und Gejammer ohne Ende. Verrückte Schwiegertöchter, faule Schwiegersöhne, besoffene Nachbarn, zu laute Radios, bequeme Ehemänner, kläffende Köter, blödes Arbeitsamt und überhaupt ist die Gesamtsituation wohl so etwas von bescheuert, dass jeder, der hier die Tür aufmacht, eher einen Seelsorger braucht, als eine neue Handtasche oder ein paar Schuhe. Ich muss mir den ganzen Mist anhören, auch noch höflich sein und krieg keinen Cent dafür." „Ja."

Ich nickte mitfühlend. Und ehrlich gesagt, fiel mir dazu auch nicht mehr ein. Aber ich wusste, wie Anteil nehmend Gisela gucken konnte, was sicherlich nicht zuletzt dafür sorgte, dass aus stilvollen Damen vor ihrer Ladentheke plötzlich fiese Klatschweiber wurden.

Ich verabschiedete mich dann auch ganz schnell, denn irgendwie verspürte ich nun meinerseits überhaupt keine Lust, mir Giselas Gejammer über das Gejammer ihrer Kunden noch weiter anzuhören.

Aber die Sache als solche ging mir nicht aus dem Kopf. Himmel, mich nervte dieses allgemeine Miesmachen doch auch schon lange.

Sollten die Frauen doch besser ehrenamtlich aktiv oder irgendwie kreativ werden, statt ewig nur zu jammern, was immer ein Thema an Gejammer und Klagen überhaupt nur hergab.

Man müsste, überlegte ich, schon an der Eingangstür einen Spruch anbringen, dass dieser Laden nicht von einem Seelsorger, sondern von einer Geschäftsfrau betrieben wird oder so ähnlich.

Hm. Der Einfall war nicht schlecht. Aber wie sollte man nun genau ...?

Und dann war er da, der erste Spruch.

Na prima, dachte ich. Den könnte man doch schon an die Tür kleben. Ich fand meine Idee zunehmend besser, zumal dieses Thema mich ohnehin schon längere Zeit beschäftigte.

Und hallo, fast zeitgleich kamen mir Text zwei und drei in den Sinn. Super! Das reichte ja dann auch noch gleich für die beiden Schaufenster aus. Allerdings immer vorausgesetzt, dass Gisela damit einverstanden war.

Aber sie hatte mich so von ihrer ehrlichen Wut überzeugt, dass ich sicher war, sie würde alles tun, um nicht länger der Mülleimer für den Psychomüll der halben Stadt zu sein. Ich war total begeistert von mir und erstaunt, wie einfach sich die willigen Gedanken von mir kneten ließen.

Eigentlich, eigentlich könnte man doch ...

Mitten in der gedanklichen Gebärphase gab es nichts, was mich vom Thema hätte abschweifen lassen können. Man könnte ..., es müsste ..., vielleicht so etwas wie einen Abreißblock oder so ...

Etwas zum Motivieren ..., etwas zum Bewusstmachen ..., etwas wieder in bessere Bahnen lenkendes ...

Ja, ich hab's!

Ein kurzer Text auf einem Schmuckblatt, das aus einem Buch heraus zu lösen ist. Einen Wechselrahmen, um Gedanken auszutauschen, und das im allerwahrsten Sinne des Wortes, könnte man gleich mitliefern. Jawoll!

So etwas wie ein „Gedanken positivierendes Schmuckblattrausreißbuch" müsste das werden.

Na ja oder so ähnlich.

Aber weshalb sollte ich nur Gisela von ihrer Pein befreien?

Sicherlich stank das allgemeine Gejammere auch noch anderen Leuten so zum Himmel, dass sie freudigen Herzens einen Motivations- oder Zurechtweistext, ganz nach Bedarf und Situation an ihrer Wand oder sonst wo anbringen würden.

Und plötzlich wollte ich nicht kleckern, sondern klotzen. Und das Ergebnis findet ihr auf den folgenden Seiten.

Ich grüße euch alle nun mit einem fröhlichen Lächeln und mögen euch die guten Tage nie zum Halse heraushängen!
Ach übrigens, die folgenden Sprüche dürft ihr gern verwenden. Meine Erlaubnis habt ihr.

Es gibt
keine Zeit, die für jedermann gut ist. Gewinner und Verlierer wird es immer geben. Wer WAS ist, liegt an der eigenen Betrachtungsweise.

Mit nichts
kann man sich so interessant machen, wie mit schlechten Nachrichten.

**Sei froh
und lächle,
denn dieser Tag ist einmalig.**

**Mein Schreibtisch ist
eine Ablage für Akten
und keine Halde für Seelenmüll.**

**Wer mir erzählt, dass sein Nachbar be-
scheuert ist,
wird auch seinem Nachbarn erzählen,
dass ich bescheuert bin.**

**Die kleinen Freuden machen glücklich.
Große Freuden müssen
Ausnahmen sein, sonst sind sie nicht
mehr groß.**

Alt bist du,
wenn sich dein Denken in der Vergangenheit bewegt. Bleib neugierig!

Nicht jeder,
der
die Zähne
zeigt,
lächelt auch.

Lass
den Dreck deiner Schuhe und deine
Nörgelei
VOR
meiner Tür.

Wer
sich nicht
über ein Gänseblümchen freuen kann,
ist ein armes Schwein.

Lächle
den Tag an,
es
könnte dein letzter
sein.

Wir sind nur
Gast
auf dieser Erde.
Leben ist geliehene Zeit.
Und mit Geliehenem geht man sorgsam
um.

Achtung
ist der kleine Bruder der Zuneigung und
Zuneigung der kleine Bruder von Liebe.

Öffne deinen Mund
zum Singen
und
nicht
zum Klagen!

Ich lass
mich nicht
länger
von
deiner Scheißlaune runterziehen!

Der Mückenstich

Sie summen, sie stechen.„Summ,summ“, sphärisch klingt es.

Manchmal ist der Ton hell, manchmal dunkler.„Au! Wieder ein Stich!“

Es gibt ein Überangebot an Mücken. Jeden Wassertropfen entehren sie zu einem Vermehrungstempel.

Ihr Gesumme klingt wie ein Orchester, ist ein Konzert des Leidens, des Kämpfens ums Überleben.

Wessen? (Heute sagt man: „wem seins?“)

Mein Leid, mein Kämpfen oder das der Mücke?

Ich kratze, ich stöhne.

Ich leide.

Die Mücke auch. Sie fliegt weg, aber jetzt fehlt ihr ein Bein. Ha!

Das Bein klebt an meinem Daumen, dafür ist ihr Bauch voll mit meinem Blut.

Geben und nehmen, das ist gut und ehrlich.

Das ist Leben pur.

Wo sonst findet man so viel Anstand?

Die zu kleine Weltretterin

Sie hatte aufgegeben, die Welt retten zu wollen. Demonstrationen beachtete sie nicht und Unterschriften, gegen wen oder für was auch immer, sammelte sie nicht mehr. Sie hatte resigniert.

Jenny war fünfundzwanzig, fühlte sich aber zur Zeit wie vierzig. Müde ging sie ihren täglichen Pflichten nach, hoffnungslos das Grauen um sich erkennend und doch nicht in der Lage, etwas dagegen zu unternehmen.

Wie konnte es so weit kommen?

Noch vor drei Monaten fand keine Demo ohne Jenny statt. Sie schrieb feurige Leserbriefe und bombardierte Versandhäuser, in deren Katalogen sie echten Pelz entdeckte, mit Protestbriefen. Sie war sicher, mit all diesen Aktivitäten ihren Teil zur Rettung der Welt beizutragen.

Dann kam der Tag X. Eine Demo, die mehr Tierschutz forderte, stand auf dem Plan. Jenny und ihre Freunde Li und Franco hatten sie organisiert. Sprechchöre donnerten über den Marktplatz. Auf der Bühne stand Jenny, links von ihr Li und auf der anderen Seite Franco. Sie hatte bisher nie ihre kleine Statur als Makel empfunden, als ihr plötzlich bewusst wurde, was die Menschen, die vor der Bühne standen, sahen.

Ein weibliches Wesen, von weitem aussehend wie eine zu kleine Zwölfjährige, flankiert von Li, dem Muskelmann, mit einem Meter und neunzig Höhe, und Franco, der super schlank war, aber noch etwas größer als Li. Li brüllte seine Parolen ins Mikro, es donnerte über den Platz, Vögel flogen entsetzt kreischend auf. Francos Wortwahl war feiner, aber seine Stimme, ein tiefer Bass, grollte durch die Massen hindurch. Menschliche Moleküle veränderten ihre Schwingungen, die Leute waren mitgerissen und skandierten immer wieder kurze Sätze wie: „ Alle Macht den Schweinen!“

Jenny war an der Reihe. Sie hielt das Mikro dicht an den Mund und kreischte mit ihrer Kleinmädchenstimme: „Hühner brauchen Sand und Sonne!“ Oder: „Schweinezüchter in den Stall!“

Dann geschah etwas. Zufällig stand in ihrer Blickrichtung ein älterer Mann, dem, als er ihre Piepsstimme hörte, die Augenbrauen hochschnellten. Ratlos piepste sie noch ein paar Sätze. Auf dem Platz war es plötzlich still, alle schaute auf die einen Meter und fünfzig kurze Jenny, und ein allgemeines Grinsen befiel die Gesichter.

„Mensch, Alter, schick mal deine Tochter zu Mutti!“, brüllte einer.

Jenny erblasste, drehte sich um, rannte die Stufen von der Bühne hinunter und ging wütend nach Hause. Sie verfluchte ihre Kleinheit, sie fluchte darüber, dass sie eine Frau war und beneidete ihre Freunde Li und Franco wegen ihre körperlichen Präsenz aus ganzem Herzen.

Ja, manchmal ist es schwer, eine Frau und auch noch klein zu sein!

Der hässliche Neid

Das Häuschen war niedrig und die Stuben in seinem Inneren klein. Die Küche war etwas größer als die Zimmer.

Daher hielten sich die Leute meistens dort auf. Neben einem massigen Steinofen standen dort noch ein altersdunkler Schrank, der mit vielerlei Utensilien bestückt war, und ein Esstisch mit vier Stühlen drumherum, auf denen jeweils ein lustig buntes Flickenkissen lag.

Winzigkleine weitere Örtlichkeiten, wie die Nische unter der Treppe, oder ein Bretterverschlag neben der Tür zum Hof boten Platz für Feuerholz, Apfelstiegen, Mohrrübenkisten und anderes.

In jedem Raum sorgte ein andersfarbiger Kachelofen während der kalten Jahreszeit für wohlige Wärme.

An der Vorderseite des kleinen Hauses scharrten die Zweige eines Holunderbusches an der Hauswand. Und eines Tages gab es nicht nur diesen Busch, sondern einen richtigen bunten Vorgarten, in dem die Sonnenköpfchen der Ringelblumen um die Wette strahlten.

Es war ein praktisches Häuschen und es war schön. Seine Bewohner wohnten gern hier, ja sie hätten es sich nie vorstellen können, an irgendeinem anderen Platz auf dieser Erde leben zu können.

Jeder Vorbeikommende bewunderte das Haus. Seine Blumenkästen, in denen Geranien ihre Funkelfarben versprühten, grüßten jeden Wanderer schon von weitem.

Es war eine gute Zeit.

Vielleicht ist es so, dass, wenn Menschen zufrieden sind, sie mit Freude für eine schöne Umgebung sorgen und im Gegenzug macht eine hübsche Umgebung Menschen froh.

So nimmt jedes Einfluss auf das andere.

Die Zeit verging. Altes starb und Neues wurde geboren. Die Jahreszeiten kamen und gingen und mit der Zeit veränderte sich manches.

Die Stadt, einst gerade so in Sichtweite des kleinen Hauses, dehnte sich aus, quoll über wie ein Hefeteig und erreichte bald das Häuschen.

Der einstige Holperweg wich einer glatten Straße und, man stelle sich das vor, links und rechts neben dem zufriedenen Häuschen wuchsen stolze Dreigeschosser in die Höhe.

Der Bauherr, ein älterer dicklicher Mann, flanierte mit wichtigem Gesichtsausdruck von Haus zu Haus, immer an dem Häuschen vorbei. Dabei trug er die Daumen über seinem runden Bauch hinter den Hosenträgern, drückte sie vom Körper weg und brüllte die Maurer an, wenn sie etwas nicht zu seiner Zufriedenheit machten. Und da er stets mit allem unzufrieden war, mussten die Bewohner des kleinen Häuschens von morgens bis abends sein Gebrüll ertragen.

Aber irgendwann ist jede Arbeit getan und nach einigen Monaten standen links und rechts neben dem Häuschen zwei stattliche Gebäude mit drei Stockwerken.

Es war schon ein etwas seltsamer Anblick: Die beiden prachtvollen, nagelneuen Häuser und dazwischen das zwar liebevoll herausgeputzte, aber eben doch bescheidene Häuschen.

Die Bewohner des kleinen Häuschens begannen, scheel an sich hinunter zu blicken, wenn der dicke alte Mann, der Besitzer der beiden großen Häuser, fein herausgeputzt, mit einer jungen Frau am Arm, die das war, was man als elegant bezeichnete, an ihnen vorübergegangen war.

Plötzlich bemerkten sie, was sie vorher noch nie gesehen hatten, nämlich, wie bescheiden ihre eigene Kleidung war. Weit abseits von der Stadt, nur auf ihr Häuschen konzentriert, war es ihnen so lange genug, wenn ihre Kleidung sauber und ausgebessert war. Und dafür, dass die Kleider stets in Ordnung waren, sorgten die fleißige Hände der Hausfrau. Die Arbeitshose des Mannes zierten lustige bunte Flicken dort, wo der Stoff begann, dünn zu werden. Die Röcke der Frau wurden bestickt und an den Kanten farbig behäkelt, so dass jedes Stück wie ein hübsches buntes Kunstwerk leuchtete.

Erstaunt blickten die Leute aus der Stadt auf diese Farbigkeit und tuschelten, ob das wohl Kunst sei. Man hatte ja schon oft gehört, dass sich an Stadträndern Künstler niederließen, die ihre Erfahrungen aus der Kenntnis der Kultur fremder Länder in ihrer Kleidung ausdrückten. Einige Städter begannen, ihren Schneidern entsprechende Aufträge zu geben.

Aber das wussten der Mann und die Frau nicht. Unzufriedenheit begann in ihnen zu nagen. Plötzlich sahen sie nicht mehr, wie schön ihr Häuschen war, sie empfanden es als armselig, wie es da so im Schatten der beiden großen Häuser stand. Sie bemerkten nicht das Leuchten der Blumen vor den blanken Fenstern, sondern sahen stattdessen, dass der Putz an einigen Stellen gerissen war und die Haustür dringend neue Farbe brauchte.

Bald hatte sich die Unzufriedenheit fest in ihnen eingenistet. Und wo Menschen unzufrieden sind, ist der Neid nicht weit. „Unser Häuschen muss größer werden", sagte die Frau eines Tages. „Wenn es größer ist, werden die Leute uns achten und hinterherschauen, so, wie wir es jetzt bei dem dicken Mann tun, wenn der mit seiner jungen Frau vorbeikommt."

Der Mann stimmte ihr zu, obwohl er nicht wirklich überzeugt von dem Vorschlag seiner Frau war. Er meinte, um geachtet zu werden, gehöre doch wohl etwas mehr als ein größeres Haus. Aber um des häuslichen Friedens willen verschuldete er sich, kaufte statt Saat für Garten und Feld Steine und

Zement.

Aus alten Latten baute er ein Gerüst und arbeitete von Sonnenaufgang bis Sonnenuntergang an seinem Häuschen, das wirklich von Tag zu Tag wuchs und wuchs. Auch die Frau musste mithelfen. Sie rührte den Mörtel an und füllte die Eimer, die der Mann an einem Strick hochzog, um das Material zu verbauen.

Der Frühling ging vorbei, der Sommer begann und weder Acker noch Garten waren bestellt. Immer, wenn die Frau sich daran erinnerte, schob sie die quälenden Gedanken beiseite und sagte sich, dass sie, wenn sie ein größeres Haus besaßen, sicher auch die Möglichkeit hätten, Essen zu kaufen.

Längst war ihre Kleidung zerschlissen und schmutzig. Die Leute aus der Stadt blickten ihnen Nase rümpfend hinterher und tuschelten.

Das Haus war fast fertig, nur das Dach fehlte noch, als der Herbst begann und das mit einem heftigen Sturm tat. Der Wind verfing sich in den Wänden des Häuschen, rüttelte und tobte darin, bis erst eine Wand einstürzte, dann die zweite. Entsetzt stellten die Leute fest, dass aus dem Häuschen eine Ruine geworden war.

Der nächste Tag brachte dicke Wolken und Starkregen. Es plätscherte und sprudelte nur so und die Frau versuchte verzweifelt, wenigstens die Stube des ehemaligen kleinen Häuschens trocken zu halten. Umsonst! Das alte Dach war zerstört und hatte dem Wolkenbruch nichts entgegenzusetzen.

„Du musst das alte Dach wieder in Ordnung bringen", zeterte sie. „Wenigstens eine Stube muss trocken sein!"

Verzweiflung übermannte den Mann, als er in pitschnasser Kleidung auf das schlüpfrige Lattengerüst turnte und versuchte, mit wenig Material große Löcher zu stopfen.

Dann kam der Sturm zurück. Eine kräftige Bö ergriff den halb verhungerten Mann. Der fand keinen Halt auf den glatten Brettern und stürzte vom Dach.

Die Frau zerrte ihn an eine etwas geschützte Stelle im alten Häuschen, schiente ihm beide Beine und den rechten Arm und saß dann zitternd vor Kälte und Hunger neben ihm.

Irgendwann hielt eine Pferdekutsche auf

der Straße. Der dicke Mann brüllte Befehle und zwei junge Männer trugen den erschöpften, verletzten Mann in die Kutsche und die inzwischen spindeldürre, federleichte Frau ebenfalls.

Sie brachten sie ins Armenhaus der Stadt. Dort mussten sie bis an ihr Lebensende ihr trauriges Dasein fristen.

Der dicke Mann aber riss die hässliche Ruine ab und baute an der Stelle ein drittes, modernes Haus.

Ja, Leute, so geschah es.

Neid bringt oft die seltsamsten Blüten hervor, aber diese duften nicht, sie stinken.

Was ist die Welt nur schlecht!

Ab heute werde ich ein Tagebuch führen. Extra für diesen Zweck habe ich mir gestern ein ganz süßes Heft gekauft. Die Umschlagpappe, man sagt, glaube ich, in modernem Deutsch auch ‚Cover' dazu, ist mit goldigen Rosina-Wachtmeister-Katzen designed. Es ist eben ein bisschen was Anspruchsvolleres als ein normales Schreibheft. Man weiß ja schließlich, was man sich schuldig ist.

Ich bin eine erfolgreiche Frau in den allerbesten Jahren. Nein, bitte jetzt nicht den Spruch loslassen: Wer in den besten Jahren ist, hat die guten schon hinter sich. Das ist abgedroschen und ich bin tatsächlich Baujahr 1990, also wirklich in den besten Jahren, na ja, so ungefähr wenigstens. Und jetzt habe ich beschlossen, ein Tagebuch zu führen, weil man nie ahnen kann, welche Winkelzüge das Leben vorhat und wozu Aufzeichnungen einmal gut sein können. Es ist ‚in', seine Memoiren zu schreiben, und weshalb sollte ausgerechnet ich so etwas nicht tun?

Auf die erste Seite kommt in schönster Handschrift:

Melissa Neuchel-Marder,
geboren am 11.3.1990.

Der Doppelname ist die Erinnerung an meine kurze, einjährige Ehe, die leider ein ausgemachter Irrtum war. Es ist aber auch das beste, was mir davon geblieben ist, denn ich finde es chic, zwei Nachnamen zu haben. Einen Menschen mit Doppelnamen stellt man sich doch gleich viel gehobener vor als jemanden mit so etwas Einfallslosem wie Schulze oder Meier. Da sehe ich vor meinem inneren Auge immer ein schwachgeistiges, übergewichtiges Trampeltier, mit Krampfadern und Mundgeruch.

10. November 2019

Als Chefsekretärin im Büro der ortsgrößten Baufirma bin ich zuverlässige Beraterin, Bearbeiterin, Datenspeicherin, Verknüpferin und Ermahnerin. Mein Chef verlässt sich ganz und gar auf mich, was Veranstaltungen, Vereinbarungen, Verabredungen, Abrechnungen, Besprechungen, Einladungen und vieles mehr betrifft. Ich bin quasi die gute Seele an seiner Seite und für ihn ganz und gar unverzichtbar.

Mein Chef ist ein Mann mit Charme und Charakter, ein Typ, wie er männlicher nicht sein könnte. Die breiten Schultern, die silbergrauen Schläfen, dieses Lächeln, die dröhnende Stimme, die akzentuierte Aussprache, der energische Schritt – alles an ihm ist erotisch. Jeder andere Mann wirkt mickerig gegen ihn, und sogar die Luft zum Atmen scheint im Raum knapp zu werden, wenn er hereinkommt.

Möglicherweise liegt das aber auch daran, dass die meisten Angestellten in ängstlicher Erwartung eines Donnerwetters ganz einfach vergessen zu schnaufen.

Genau um zehn Uhr machte der Chef heute seinen Kontrollgang.

Als ich ihn kommen hörte, zog ich meine Bluse glatt, zupfte den Rock nach unten, bis in erahnende Knienähe und kontrollierte die Schuhe, ob da auch kein Stäubchen zu sehen war. Dann warf ich einen blitzartigen Blick in den Spiegel, der für solche Zwecke in meiner stets etwas herausgezogenen Schublade liegt.

Ein Zwinkern seines rechten Auges in meine Richtung und ein flüchtiges Lächeln signalisierten mir, dass mein Aussehen seine Zustimmung als Mann und als Chef gefunden hatte.

Ich bewundere ihn. Er ist ein Perfektionist durch und durch. Ein Gewinnertyp! Ich könnte – aber nein, das sollten wirklich nur sündhafte Träume bleiben.

Und dann kam er auch noch geradewegs auf mich zu.

Sofort stand ich auf, tat so, als senkte ich etwas verlegen den Blick, ging ihm zwei Schritte entgegen, er könnte ja mit mir etwas unter vier Augen zu beraten haben und schob dabei mit der Hüfte den Schubkasten zu. Den Spiegel brauchte er nicht zu sehen.

Das hätte ich aber vielleicht nicht tun sollen, denn diesen Hüftschwung schien er falsch zu interpretieren. Seine Augen weiteten sich überrascht und sein Blick glitt interessiert an mir runter und wieder hoch.

Herr Raabe, mit Doppel-a, wie er bei jeder Vorstellung betont, nahm sich heute sogar Zeit, auch die anderen beiden Schreibtische in diesem Raum sowie natürlich die dazugehörenden Damen zu begutachten. Der unordentliche Aktenstapel bei der Neuen und deren von verzweifelten Fingern zerrauftes Haar fanden seine nur allzu verständliche Missbilligung.

Ich erahnte sofort den Seelenzustand meines Chefs. Sein gespitzter Mund, der für einen Augenblick so aussah, als ob er pfeifen wollte, und die linke Augenbraue, die sich dreimal ruckartig hob und senkte, waren ein Indiz dafür. Er kam noch näher auf mich zu und stand nun bereits weniger als dreißig Zentimeter vor mir. Von seinem teuren Rasierwasser war ich hin und weg und überlegte gerade, wie ich mimisch auf diese unerwartete Nähe reagieren sollte, als er mit verkniffener Miene murmelte:

„Heute helfen Sie Jana noch mal! Sehen Sie zu, dass Sie den Haufen da klein kriegt! Morgen gibt‘s Ärger, wenn sich diese Sauwirtschaft nicht geändert hat!“

Ich nahm ihm diese grobe Ermahnung nicht weiter übel, denn sein cholerisches Temperament ist bekannt. Deshalb nickte ich nur verständnisvoll und zeigte damit, dass er sich unbedingt und jederzeit auf mich verlassen kann. Er ist eben so, mein Chef. Was soll man weiter dazu sagen.

Bei ihm muss alles optimal sein, die Angestellten korrekt gekleidet, die Schreibtische überschaubar und ordentlich sortiert und in der Luft sollte möglichst ein zarter Hauch von Lavendel liegen.

Die kleine Meier aber tat mir leid. Ehrlich! Das Mädchen ist nun schon seit fünf Wochen im Betrieb und scheint, obwohl halbwegs intelligent, hier völlig überfordert zu sein.

11. November, 2019

Heute früh war ich bereits lange vor Arbeitsbeginn im Büro. Der Stapel auf dem Tisch der Neuen hatte sich inzwischen deutlich verringert, dank meiner Fachkenntnisse und meiner gestrigen Überstunde. Sorgfältig geordnet und unterschriftsbereit lagen die Akten auf dem Schreibtisch.

Aber das Aussehen des Mädchens irritierte mich weiterhin.

Es nervte mich. Jawohl! So sollte man einfach nicht durch das Leben gehen.„Jana, unser Chef ist ein Perfektionist und Ästhet. Alles hat hier seinen Platz und alles sollte optimal aussehen, auch die Angestellten.“

Ob sie verstand, was ich damit sagen wollte?

Voller Unbehagen starrte ich auf ihre ungekämmte Mähne, die nach einem Haarschnitt schrie. Das Licht der Neonlampen spiegelte sich in den Schlieren auf der ungeputzten Brille, mit dem dicken, dunklen Gestell. Die ganze Frau sah muffig aus und roch auch so. Nein, ich musste einfach deutlicher werden.„Jana, wenn Sie Wert auf einen dauerhaften Arbeitsplatz legen, sollten Sie unbedingt an Ihrem Äußeren arbeiten. In dieser Aufmachung werden Sie ständig Ärger mit unserem Chef kriegen. Rausgemoppt ist man schnell.“„Ja, was soll ich denn machen?“

Sie schien ratlos, schniefte und hatte plötzlich feuchte Augen. Und dann erzählte sie mir etwas, das sich fast wie eine Story aus den bunten Illustrierten anhörte. „Ich kann nicht anders. Ich muss so rumlaufen. Seine Frau will es!“

Meine Ahnungslosigkeit richtig verstehend, fuhr sie fort: „Seine Frau Helene und meine Mutti sind Schulfreundinnen. Und“, sie strahlte mich an, „glauben Sie mir, ich sehe eigentlich etwas anders aus. Aber ich brauche diese Arbeit. Das Geld spare ich, soweit es möglich ist, und nächstes Jahr werde ich Psychologie studieren. Frau

Raabe hat dafür gesorgt, dass ich hier anfangen kann, aber mit der Auflage, mich so zurecht zu machen, dass es ihren Mann nicht in Versuchung bringt. Da er mich nicht kennt, ist das kein Problem und Meier heißen viele.“

Irgendwie konnte ich ihr nicht ganz folgen.„Wieso, geht der Al..., geht der Chef etwa fremd?“„Muss er ja wohl ab und zu, wenn seine Frau solche Angst um ihn hat“, grinste Jana.

Eigentlich war dieses Gespräch weit unter meinem Niveau und ich hätte mich nie dazu herablassen dürfen. Da es sich aber nun einmal so ergeben hatte, musste ich sehen, wie ich mit diesem Wissen umging. Meine weibliche Neugier tat ein Übriges, als ich sie fragte: „Heute ist Donnerstag, da gehe ich immer schwimmen. Haben Sie nicht Lust mitzukommen?“

Vielleicht wollte ich mit diesem Vorschlag nur ihr Vertrauen in mich stärken, damit sie mir noch mehr erzählt oder – ach, ist ja auch egal. Jedenfalls war das Angebot, mich einen ganzen Abend mit dieser unansehnlichen grauen Maus zu beschäftigen, keinesfalls selbstlos.

Endlich war Feierabend.

Ich schlüpfte aus den Hochhackigen, stellte sie diskret in einem Winkel unter meinem Schreibtisch ab, zog die Elastik-Kniestiefel an und warf mit Schwung mein schwarzes Cape über.

Mir war dabei sehr genau bewusst, dass ich mit jeder Bewegung Bewunderung und Neid bei den anderen Frauen auslöste.

Frau Schmidt-Hauser zog sich ebenfalls gerade eine teure Outdoorjacke an und dann mit profihafter Geschwindigkeit und ohne Spiegel, die Lippen nach. Mit einem launigen: „Guten Abend die Damen!" rauschte die alte Frau zur Tür hinaus.

Sie ist schon vierundvierzig, das muss man sich mal vorstellen, aber eigentlich für das Alter noch ziemlich rüstig. Und eines muss man ihr lassen, sie hat Stil.

Auch in Janas Ecke war Bewegung. Auch sie tauschte ihre Bürotreter gegen Wetter angepasste Stiefel. Oh nein! Und *wie* Wetter angepasst die mal wieder waren! Wetter angepasster ging es schon gar nicht mehr. So etwas von unelegant. Dagegen wirkten ein Soldat aus dem ersten Weltkrieg, in verdreckte Kampfstiefel wie ein Eintänzer.

Egal. Wenn sie durch die Frau vom Chef ... man weiß ja nie, wozu das mal gut sein könnte.

Energisch zerrte Jana an der Kordel ihres verwaschenen Armeeparkas, um die Kapuze enger an den Hals zu bringen. Ihr ungeschminktes Gesicht rötete sich in der Wärme des Büros.

Jetzt sieht sie aus wie Mister Bean, dachte ich verächtlich, sagte dann noch: „Um sieben Uhr an der Schwimmhalle, bis nachher!“ und trippelte eilig in Richtung Ausgang, zum Parkplatz.

Es war neunzehn Uhr, ich stand seit zehn Minuten an der Schwimmhalle und wurde langsam ungeduldig. Es konnte doch wohl nicht sein, dass dieses Häschen mich versetzt hatte? Nicht mit mir!

Wütend zeigte ich meine Jahreskarte vor, ging zu den Umkleidekabinen und überlegte: Vielleicht hat sie mich falsch verstanden und ist schon reingegangen. Bei so einer Trantüte wäre das eigentlich kein Wunder.

Dieser Gedanke ließ mich etwas gelassener werden, denn indem ich *sie* abwertete, erstarkte *mein* Selbstwertgefühl. Wenn sie schon in der Halle war, würde ich sie bestimmt gleich finden, denn ein solcher Trampel war ja gar nicht zu übersehen.

Für den heutigen Schwimmhallenauftritt hatte ich einen kleinkarierten Bikini gewählt, bei dem auf dem linken BH-Körbchen eine große, weiße Stoffmargerite appliziert war. Um meine nicht ganz so langen Beine optisch aufzuwerten, trug ich Badepantöffelchen mit Absatz.

Ich habe es mir zur Gewohnheit gemacht, langsam und in mich gekehrt zuerst einmal um das Schwimmbecken zu gehen. Das macht geheimnisvoll und interessant. Anschließend lege ich mich mit meinem Buch auf eine Liege und achte darauf, dass der anspruchsvolle Titel der Lektüre gut zu sehen ist. Natürlich lese ich nicht wirklich, sondern beobachte und sondiere das Publikum.

Erst kurz vor 20 Uhr schwimme ich langsam meine zwei Alibirunden. Das ist ein Ritual, von dem ich nur selten und ungern abweiche.

Pudelnass wickele ich dann mein Tuch um die Hüften und gehe, die dicken Frauen neben mir und vor mir mit Nichtachtung strafend, zur Dusche.

Ich genieße die gierigen Blicke der Männer!

Die neidischen der Frauen sind mir ebenfalls das reinste Vergnügen!

Diese Freuden sind es mir wert, meine Show regelmäßig einmal in der Woche abzuziehen.

Aber wo, zum Kuckuck, war die Jana? Hatte sie mich etwa doch versetzt? Es war kaum etwas los in der Halle und wenn sie hier irgendwo sein sollte, hätte ich sie eigentlich sehen müssen.

Ratlos und suchend schaute ich mich um. Der Ärger wollte schon wieder in mir hochsteigen. Wo könnte diese blöde Tussi sein? Andererseits fand ich es natürlich toll, so mitten in der Halle zu stehen und mich bewundern zu lassen. Langsam drehte ich mich ... , da rutschte mir das Tuch vom Arm, ich trat auf einen Zipfel, stolperte und ... „Aber, aber!“

Im letzten Moment fing mich eine starke Hand auf. Ein Mann wie, wie, also mindestens wie George Clooney, grinste mich freundlich interessiert an.„So eine Schei...!“

Nur ganz knapp konnte ich das vulgäre Wort verschlucken und lächelte ihn wie ein dankbares, hilfloses Engelchen an.

Aber weshalb sah er plötzlich an mir vorbei?

Neben der Rutsche erhob sich eine Frau, die meinen Atem flattern ließ und den meines unbekannten Retters anscheinend ebenfalls. Im Tempo eines Wimpernschlages erkannte ich, dass mir gerade die Show gestohlen wurde.

Eine Figur hatte das Mädchen, vor der meine verblasste wie das Gefieder eines Spatzes vor dem eines Papageis!

Dabei hatte sie nicht mal etwas Originelles an. Einen einfallslosen, schwarzen Badeanzug, in dem ich nie losgehen würde, der aber ihre sagenhafte Figur unglaublich hervorhob.

Die langen, blonden Haare waren der Wahnsinn!

Unfassbar, die Endlosbeine, noch dazu ungebleicht, in sommerlichem Braun.

Dann patschte diese Ziege ohne Badeschuhe, mit wiegenden Hüften zum Sprungturm. Irgendwie kam sie mir bekannt vor. Gesehen haben musste ich sie schon, aber mir fiel nicht ein, wo das gewesen sein könnte.

Ein eleganter Kopfsprung, kaum Spritzer beim Eintauchen, gekonntes Kraulen in meine Richtung.

Mit gerunzelter Stirn starrte ich auf die beneidenswerte Schönheit, die unmittelbar vor mir auftauchte und gelenkig, weitab jeder Leiter, aus dem Becken turnte. Schadenfroh entdeckte ich ein wenig verschmierte Wimperntusche unter ihren Augen und gleichzeitig stammelte ich fassungslos: „Jana!“

„Halloo Frau Neuchel-Marder!“

Längst hatte mein Retter die Hand von meinem Körper genommen, stand da, völlig *ihr* zugewandt und fragte mit erstauntem Feixen: „Wie bitte? Frau Meuchel-Mörder? Soll das ein Witz sein? Diese nette Frau heißt ‚Meuchel-Mörder‘?“

Ich hätte diesen Kerl umbringen können! Meine Zähne knirschten vor Wut so, dass es in der ganzen Halle zu hören sein musste. Nur mit Mühe kriegte ich mich wieder ein, dann drehte ich mich in geheuchelter Freundlichkeit zu meinem Helfer um: „Mein Name ist ‚Neuchel-Marder‘“, korrigierte ich sein dreistes Wortspiel.

Dieser Typ war ja total unmöglich! Der war

weit unter meinem Niveau! Das wäre nie ein Umgang für mich gewesen. Wahrscheinlich war er von Beruf Hausmeister im Altersheim. Der hatte keinen Stil, nicht ein bisschen! Einfallslos und taktlos war er, sonst wäre ihm diese blöde Bemerkung nicht passiert.

Plötzlich nickte er flüchtig mit dem Kopf.

„Fuchs!“

„Wie bitte?“

„Fuchs ist mein Name, Roland Fuchs! Ich wollte höflich sein und mich vorstellen, da ich ja nun Ihren Namen weiß“, grinste er.

Jana schmunzelte vor sich hin.

Ach Mensch! Die hätte ich bei dieser Anhäufung von Peinlichkeiten ja fast vergessen.

Aber was sollte ich jetzt mit ihr anfangen? Ich hatte es mir so amüsant vorgestellt, neben einem unmöglichen Trampel meine Runden durch die Halle zu drehen und dabei meine Ausstrahlung wirken zu lassen. Wenn ich mit dieser Jana in der Schwimmhalle flanierte, wäre es genau umgekehrt. Ich musste mich aus der Affäre ziehen, ohne das Gesicht zu verlieren, irgendwie. „Also wissen Sie, ich habe mir wohl eben den

Fuß verknackst. Für mich ist dieser Abend vorbei, ich fahre besser nach Hause“, verkündete ich halbherzig und konnte mich des Eindrucks nicht erwehren, dass der Fuchs und die Jana sich freuten, mich auf so unkomplizierte Art loszuwerden.

12. November 2019

Am nächsten Morgen begrüßte Jana mich wie üblich mit zerzausten Haaren und wie immer in sehr schlampiger Aufmachung. Ein in der Taille dick geraffter Rock täuschte glaubwürdig eine unförmige Figur vor und einen Busen hatte sie im Vergleich zu gestern Abend! Was war da bloß in ihrem BH? Sie sah jedenfalls erfolgreich unmöglich aus.

Aber ich konnte meinem Innendruck nicht länger standhalten. Ich musste mit der Schmidt-Hauser über die ganze Sache reden. Die würde mich verstehen, obwohl sie schon so alt ist. Für ein Skandälchen hatte die Hausern immer ein offenes Ohr.

Als Jana endlich zur Frühstückspause in der Kantine verschwand, flüsterte ich mit Verschwörermiene: „Frau Schmidt-Hauser, ich muss Ihnen was erzählen. Aber behalten Sie das bitte unbedingt für sich", beschwor ich sie. Und dann ließ ich alles vom Stapel, was die Jana mir erzählt und was ich mit ihr erlebt hatte. Natürlich schmückte ich die Geschichte noch ein wenig mehr zu ihren Ungunsten aus.

Ich bin mir zwar sicher, dass morgen der ganze Betrieb die Story kennt, mit Ausnahme des Chefs selbstverständlich, ich jedenfalls habe dann damit nichts zu tun. Gar nichts. Die Hausern hatte ich schließlich um Verschwiegenheit gebeten, und wenn die quatscht, ist das nicht meine Sache.

Gegen zehn Uhr betrat der Chef das Büro.

„Frau Neuchel-Marder!"

Seine Stimme ging mir durch und durch.

„Wir erwarten morgen einen Architekten, der sich unsere Referenzobjekte ansehen wird. Ich werde ihm auch den Betrieb hier zeigen und setze voraus, alles und jeden in optimalem Zustand vorzufinden."

13. November 2019

Ich war zeitig im Betrieb, tauschte gerade die Winterstiefel gegen Pumps, als es ungeduldig am Tor schellte. Was soll das denn? Hier haben doch alle Leute ihre Schlüssel, dachte ich noch verwundert, als sich auch schon die Tür öffnete und Herr Fuchs, *der* Herr Fuchs aus der Schwimmhalle, hereinkam. „Guten Morgen die Dame, so früh schon anwesend?“„Wie kommen Sie denn herein?“

Meine Stimme überschlug sich vor Empörung. „Ihr freundlicher Mitarbeiter vom Lager hat mich hereingelassen und mir netterweise gestattet, mich hier aufzuhalten“, erklärte er freimütig und flegelte sich ungezwungen auf meinen Schreibtisch.

Ich hörte schon wieder meine Zähne vor Wut knirschen. „Wenn Sie keinen Grund haben hier zu sein, muss ich Sie auffordern, sofort zu gehen! Sonst löse ich Alarm aus!“

Ich war stinksauer. „Damit wäre Ihr Chef aber bestimmt nicht einverstanden“, grinste er unverschämt zurück.

Na Gott sei Dank! Gerade hörte ich den Al... meinen Chef kommen. Mit seiner einmaligen männlichen Stimme dröhnte er sich durch das Haus. Die Tür öffnete sich, oh!„Herr Raabe“, stammelte ich, „ich kann nichts dafür, dieser Herr war so dreist und

..."„Ja, bitte?"

Seine Augenbraue ruckte und zuckte. „Entschuldigen Sie mein Eindringen Herr Raabe, wir kennen uns noch nicht persönlich, mein Name ist Fuchs."

Ich bekam einen Hustenanfall, denn diese Konstellation fand ich ausgesprochen lächerlich – Raabe / Fuchs. Was manche Leute aber auch für Namen mit sich herumschleppen!„Sie haben sonst mit meinem Stellvertreter verhandelt, mit Herrn Brandes, ich bin vorgestern erst aus Amerika gekommen."

Na toll. Da hätte ich ja fast was angerichtet.

Während des Gesprächs kam Jana herein. Mit einem Blick hatte sie die Situation erfasst und verzog sich, ihre Tasche unter dem Arm, in Richtung Waschraum. Dabei fummelte sie eifrig mit gesenktem Kopf an ihrem Ärmel, als stimme damit etwas nicht. Sie grüßte flüchtig und war schon aus dem Raum, bevor der Fuchs sie richtig wahrgenommen haben konnte.

14. Dezember 2019

Liebes Tagebuch, du bist nun mein einziger Vertrauter. Ich habe niemanden, dem ich etwas erzählen könnte, und ich weiß auch gar nicht, wie ich es sagen soll, es ist ganz einfach passiert.

Es begann so:

Mein Chef hatte einen Termin verschwitzt, von dem ich allerdings nichts wusste. Deshalb konnte ich ihn auch nicht daran erinnern. Pech für ihn.

Am fünften Dezember war das und an diesem Tag fing die Geschichte mit uns an.

Mittags kam er ins Büro gestürmt, fast berstend vor Wut und bereit, den Ärger an mir auszulassen. An mir! Mitten im dollsten Getöse bat ich ihn beherrscht und kühl, mir Daten dieses Treffens zu nennen. Ich sah in meinem Computer und zusätzlich im Kalender nach und bat ihn, sich zu überzeugen, dass von dieser Sache nirgends etwas aufgezeichnet war. „Frau Neuchel-Marder, wenn es tatsächlich meine eigene Eselei war, und es sieht ganz danach aus, bitte ich Sie um Verzeihung. Und, weil ich Sie gerade so angeflappt habe, darum, mit mir Essen zu gehen."

Er wirkte ziemlich zerknirscht, und ich fiel

natürlich darauf rein. Die Situation war aber auch einfach so, dass ich nicht ablehnen konnte.

Und dann verabredeten wir uns gleich wieder und dann wieder und dann – war ich seine Geliebte. Ich wollte es nicht, nein, wirklich nicht, aber wenn ich ehrlich bin, hatte ich schon immer eine gewisse Schwäche für diesen gepflegten Mann.

Aber durch einen richtig blöden Zufall merkte Jana ganz schnell etwas und das war letzten Montag. Mein Chef war ja schon immer sehr spontan, aber war es denn notwendig, dass er mich in seinem Betrieb, in der Kantinenküche in die Ecke drängen musste?

Und ausgerechnet in diesem Moment kam Jana. Angeblich wollte sie sich einen Kaffee holen. Peinliche Situation! Aber ich wette, diese Ziege hatte mir hinterher spioniert. Diese Tussi! Diese dämliche!

Und bei ihrer Mutter musste sie natürlich auch gleich petzen. Oh, diese Tratsche!

Na, ich mochte sie von Anfang an nicht. Meine Menschenkenntnis hat mich noch nie im Stich gelassen.

Dass Frau Helene am gleichen Tag davon

erfuhr, war doch klar. Ich bin nur noch wütend. Diese fiesen, primitiven Tratschen!

Aber das Allergemeinste kommt erst: Helene, die alte, hässliche Pute, streikt seit dieser Zeit.

Sie versorgt ihren Mann nicht mehr, kümmert sich weder um sein Essen noch um seine Wäsche und, das muss man sich mal vorstellen, es ist ihr anscheinend völlig egal, wie mein Chef jetzt rumrennt. Und *wie* der aussieht!

Liebes Tagebuch, kannst du dir vorstellen, was aus dem Mann in den paar Tagen geworden ist?

Ohne Frühstück kommt er in den Betrieb. Plötzlich wirkt er zitterig und alt. Seine Stimme klingt wie eine rostige Blechbüchse. Ich versteh's ja, er hat Hunger und mit den Nerven ist er völlig am Ende. Aber da muss er durch. Ich kann ihm ja nicht noch ne Stulle mitbringen. Seinen Kontrollgang macht er unregelmäßig und eine halbe Stunde später, weil er noch zum Frühstück in die Bäckerei an der Ecke geht.

Seine Hemden sind murkelig und er rasiert sich nicht mehr jeden Tag. Mit dem Stoppelbart sieht er unmöglich aus! Und – der

Kerl riecht! Ich drehe den Kopf beiseite, wenn er sich mir dienstlich nähert. Und anders gestatte ich es sowieso nicht mehr. Puh! Ich könnte mich schütteln!

Mein liebes Tagebuch, stell dir bloß vor, da hat er mich doch tatsächlich heute gefragt, ob er vorübergehend bei mir wohnen könne. Schließlich sei ich an seinem Unglück schuld. Er brauche ganz einfach seine gewohnte Versorgung, so könne er nicht weiterleben. Und eine Scheidung käme nicht in Frage, weil seiner Frau der Betrieb gehöre.

Ich bin fassungslos!

Soll ich ihm etwa die Unterhosen waschen? Das hat er doch wohl alles vorher gewusst!

17. Dezember 2019

Heute habe ich meine Kündigung abgegeben.

Soll er doch sehen, wie er ohne mich zu Recht kommt! Ich finde allemal einen neuen Job.

Ach, fast hätte ich es vergessen. Jana kam heute in total verändertem Outfit ins Büro. Sie sah wirklich klasse aus. Die Katastrophe war ja bereits passiert, was sollte sie sich also länger verkleiden? Mein Chef war regelrecht sprachlos, als er die Frau im Originalzustand sah. Das gönn ich ihm! Jana täglich vor Augen und keine Möglichkeit, daraus etwas zu machen. Denn gestern Abend in der Schwimmhalle habe ich sie Hand in Hand mit dem Fuchs gesehen.

Ha! Arrogante, verlogene und vertratschte Bande allesamt!

Was ist die Welt nur schlecht!

Doppelnamen und ihre manchmalige Peinlichkeit

Die Tagung war außerordentlich gut besucht. Erwin E. hatte das nicht erwartet und sich deshalb auch nicht besonders beeilt, um pünktlich am Veranstaltungsort zu erscheinen.

Als er kam, stellte er erstaunt fest, dass lediglich noch ein kleiner Tisch in einer Nische des Saales unbesetzt war. Er nahm Platz. Nur Sekunden später betrat der erste Redner das Podium. Erwin E. schaltete umgehend gedanklich ab. Er hasste Begrüßungsreden und träumte sich zurück an den Timmendorfer Strand. Es ärgerte ihn, dass er mal wieder das Opfer familiärer Verpflichtungen geworden war, jedenfalls empfand er das im Augenblick so.

Während jeder Redner sich und seine Firma in ein glänzendes Licht zu setzen versuchte, indem er die unterschiedlichsten Neuerungen und Verbesserungen wortgewaltig vorstellte, langweilte sich Erwin Egon, Erbe eines Stahlwerkes, sehr. Er schickte seine Gedanken in alle Bereiche fantasievoller Möglichkeiten und genoss mit halb geschlossenen Augen die Spiele in der Filmfabrik seines Kopfes.

Nach mehr als zwei Stunden war eine Pause angesetzt und anschließend sollte es mit Diskussionen weitergehen. Erwin E. dachte mit Grausen daran, denn ihm brummte schon jetzt der Kopf. Deshalb beschloss er, diese halbe Stunde auf einer Parkbank direkt gegenüber vom Schlosshotel zu verbringen.

Nie wieder Alkohol am Abend vor einer solchen Sache, schwor er sich reumütig und massierte seine Schläfen. Er atmete bewusst und tief, aber auch das vertrieb ihm nicht den fürchterlichen Druck im Schädel. „Verdammt, ich brauch ne Aspirin", murmelte er und suchte die Herrentoilette auf. Um noch zusätzlich etwas gegen die lästigen Beschwerden zu tun, spritzte er sich Wasser ins Gesicht, in der Hoffnung, damit die Wirkung der Tablette zu beschleunigen.

Die Pause war um und widerwillig begab er sich zurück in den Tagungsraum. Während seiner Abwesenheit hatte ein älterer, eleganter Mann an seinem Tisch Platz genommen. Na hoffentlich hält der die Klappe, dachte Erwin E., nickte seinem Tischnachbarn aber immerhin freundlich zu. Nach einiger Zeit trat die sehnlich erwartete Wirkung des Medikaments ein und je mehr der Schmerz nachließ, desto größer wurde sein Interesse an den jetzt zum Teil heftig aufeinander prallenden Meinungen der Tagungsteilnehmer. Die Angelegenheit begann ihm Spaß zu machen. Er schrieb von Zeit zu Zeit mit und meldete sich einige Male zu Wort. Nach einer weiteren Wortmeldung bemerkte er den aufmerksamen Blick seines Tischnachbarn. „Gut gemacht, gut", murmelte der Alte und zog seinen Schlips etwas nach unten. Er schien ein Gespräch zu suchen, aber Erwin E. war nun ehrlich an dem Geschehen interessiert und nichts lag ihm ferner, als sich das Geschwätz eines alten Mannes anzuhören.

Der fummelte noch immer an seinem Schlips herum. Dann meinte er aufdringlich vertraulich: „Diese blöden Dinger. Wer diese Mode erfunden hat, müsste heute noch dafür gehenkt werden."

Erwin E. ging nicht darauf ein, nickte dem Alten aber zustimmend zu.

Endlich war das drangvolle Tagungsprogramm abgearbeitet. Kleine Gruppen fanden sich, um noch weiter zu palavern, und der eine oder andere bummelte nach Bekannten ausschauend durch den Saal. Auch Erwin E. blickte um sich und entdeckte gerade eine Jugendliebe aus seiner Studentenzeit, als der Alte ihn ansprach.

„Junger Freund, Sie kommen mir bekannt vor, aber ich habe keine Ahnung, in welchen Bereich ich Sie stecken sollte. Sie haben ein paar sehr kluge Bemerkungen gemacht und ich würde gern ein wenig mit Ihnen plaudern. Allerdings sehe ich, dass Sie jemanden Bekanntes entdeckt haben. Dürfte ich Sie um Ihre Karte bitten, damit ich mit Ihnen in Verbindung treten kann?"

Erwin E. lächelte verbindlich und suchte in seinen Taschen nach der Kartenbox. „Ach, das tut mir jetzt aber leid", grinste er den Alten an, „ich habe wohl heute nach der kurzen Nacht und in der Eile das falsche Sakko gegriffen."

Ehrliches Bedauern spiegelte sich im Gesicht des Tischnachbarn. „Na, dann machen wir das anders. Es liegt mir etwas daran, Ihre Bekanntschaft zu machen, zumal

Sie mich an jemanden erinnern."

Er zog eine seiner eigenen Visitenkarten aus der Tasche, nahm einen Stift, sah Erwin E. auffordernd an und meinte: „Geben Sie mir halt rasch Ihre Mailanschrift. So kompliziert wird sie ja wohl nicht sein."

Erwin E. schon im Aufstehen begriffen, lachte. „Die ist ganz einfach, die Firmen werden Sie ja kennen. Na dann schreiben Sie mal: Altherr Strich Sack ... "

Der Mann lief rot an. „Das ist ja eine bodenlose Unverschämtheit", keuchte er, sprang auf und packte Erwin E. am Ärmel. „Das wiederholen Sie aber gleich noch einmal."

Völlig irritiert blickte Erwin E. ihn an. Dann sagte er, so freundlich und langsam wie möglich: „Altherr Strich Sack und hinten online, hab ich doch ..."

Die Hand sah er nicht kommen, denn er blickte sich gerade suchend nach Susann um, dann klatschte sie ihm gewaltig auf die linke Wange. „Das ist für Ihre Flegelei!", zischte der Alte. „Und wenn das nicht reichen sollte, können wir gern vor die Tür gehen. Ein kurzer Kampf unter Männern erspart manchmal den Anwalt."

Schlagartig hatte sich eine grinsende und interessiert zuhörende Menschentraube um die beiden gebildet.

Erwin E. fasste sich an den Kopf. Verdammt! Dieser saublöde Name. Natürlich. Wie konnte das passieren!

Der Vorfall, der sich aber sehr schnell klären ließ, ging dennoch wie eine Rakete durch den Saal und sorgte für ungebremste Heiterkeit.

Da er am nächsten Tag ein wichtiges Geschäft abzuschließen hatte, telefonierte Erwin E. nach der Tagung lange mit seiner Frau und bat sie, noch am gleichen Abend eine außerordentliche Sitzung der Vorstandsmitglieder einzuberufen und dafür zu sorgen, dass entsprechende Schritte zur Namensänderung eingeleitet wurden.

Eigentlich endet meine Geschichte hier.

Aber solange es vorkommt, dass eine niedliche Lotta Suse (gesprochen Lottersuse) mit Nachnamen Bach einen Hannibal Merlin Stelze ehelicht und auf einem Doppelnamen bestehen kann, der dann gesprochen Lottersuse Bachstelze lautet, wird es immer wieder zu ungewollter Komik kommen.

Aber manchmal ist eine solche Namensverbandelung ja möglicherweise tatsächlich von ernsthaften Gründen und Interessen geprägt, überlege ich gerade und werde mich deshalb zukünftig etwas mit Spötteleien zurückhalten.

Ach, du meine Güte!

Es war Anfang Oktober und ein sehr warmer, fast spätsommerlicher Tag. Anja war zu Haus gewesen und fuhr mit dem Zug zurück in das psychiatrische Krankenhaus, in dem sie als Assistenzärztin arbeitete. Der Zug war kaum besetzt und in diesem Wagen war sie der einzige Fahrgast. Sie verspürte Hunger und holte sich aus der Seitentasche der Reisetasche einen Apfel.

Als sie kräftig hinein biss, machte der Zug einen unerwarteten Schlenker, der Apfel fiel aus ihrer Hand und rollte unter die Sitze.

„Mist!"

Ihr Ordnungssinn verbot ihr, ihn dort liegen zu lassen. Also rutschte sie zu Boden, nicht, ohne sich vorher zu vergewissern, dass wirklich niemand zusehen konnte, bog den Rücken durch und hangelte nach ihm. Gerade bekam sie ihn zu fassen, als sie aus den Augenwinkeln neben sich ein Paar große, schwarze Schuhe sah und eine tiefe Stimme hörte: „Und die Fahrkarte mal bitte!"

Anja, fast auf dem Bauch, halb unter der Bank liegend, den Hintern hochgereckt, in der Backe einen halben Apfel, drehte den Kopf in Richtung der Schuhe und nuschelte etwas Unverständliches.

Der Schaffner war sicherlich einiges von Patienten gewöhnt, die er ja täglich im Zug erlebte. Offensichtlich hielt er auch Anja für eine Patientin. Wobei man ihm das in dieser Situation nicht übelnehmen konnte, denn wer sonst würde sich unter einer Sitzbank verkriechen und hätte auch noch ein so missgestaltetes, schiefes Gesicht?

Hilfsbereit packte er sie am Arm und half ihr aus der unbequemen Stellung hoch.

„Na, Mädchen, geht‘s wieder?“

Ein Mann mit Geduld und nett, dachte sie.

„Dann zeig mal deine Fahrkarte.“

Das Stück Apfel in Janas Mund schien aufzuquellen und den ganzen Kopf auszufüllen. Verdammt, ich kann das doch jetzt nicht ausspucken. Ist eh schon alles so peinlich.

Also schwieg sie, öffnete den Reißverschluss der Tasche mit einem Ruck und fuhr zurück. Sogar der an vieles gewöhnte Eisenbahner trat einen Schritt beiseite und hüstelte.

Anja hatte sich zu Hause eine Brotscheibe

mit Käse belegt. Weil nichts anderes da war, mit Limburger, einem stark riechenden, der zwar gut schmeckte, aber geruchsmäßig grenzwertig war. Und die Tasche hatte stundenlang in der Sonne am Fenster gestanden. Was da jetzt herausschoss an Gestank, war eigentlich nur pervers zu nennen. „Lass mal“, winkte der Schaffner großmütig ab. „Ich nehme mal an, du hast ne Fahrkarte. Mach die Tasche zu, sonst müssen wir den Waggon abkoppeln!“

Anja konnte nichts dazu sagen, denn das große Apfelstück in ihrem Mund machte nach wie vor das Sprechen unmöglich. Aber sie nickte verständnisvoll.

Er bedachte sie mit einem Blick, der ein einziges Kopfschütteln darstellte und murmelte im Weitergehen: „Diese Patienten sind manchmal wirklich eine Zumutung.“

Schreibaufgabe im Autorenkreis: Toleranz

Über Toleranz zu schreiben empfinde ich als tierisch schwer. Besonders, wenn es keine philosophische Abhandlung sein soll, was ich allerdings ohnehin nicht zustande brächte, sondern unterhaltsam, eben belletristisch.

Was versteckt sich also hinter dem Begriff Toleranz?

Ich überlege. Vielleicht: Ich finde deine Haarfarbe unmöglich, aber gehe trotzdem mit dir ins Kino? Oder: Wir sind Freunde, weil ich deine Ekelhaftigkeit aushalte und weiß, dass auch wieder andere Zeiten kommen?

Wie auch immer, ich denke, Respekt sollte zuerst da sein. Ich respektiere dich also als Mensch, eben weil du einer dieser ganz besonderen Spezies bist. Und wenn deine Haare blau sind und dein Körper voller Tattoos, stört mich das nicht. Was aber, wenn ich das trotzdem doof finde, bin ich dann nicht toleranzfähig?

Jetzt kommen viele, viele Fragezeichen

und ich merke, ich habe mich vergaloppiert.

Oder doch nicht? Ich suche jetzt mal ein Beispiel aus meiner Toleranzfähigkeitssicht, was mir an eventuell auftretenden aktuellen Möglichkeiten gerade spontan einfällt.

Wie ist das mit der Hautfarbe? Besser – wie reagieren Menschen auf eine schwarze Haut in unserem hellhäutig geordneten Alltag?

Mir steht also vorm Aldi ein dunkelhäutiger Typ gegenüber, der sich ratlos in die Taschen fasst und doch weder Chip noch Euro zutage fördert. Würde ich das zur Kenntnis nehmen und würde mir ein kleiner Mann ins Ohr flüstern: Nun zeig mal, wie das mit deiner Toleranz gegenüber fremdländisch Wirkenden aussieht!

Hm. Ich würde ihn anlächeln und ihm einen Einkaufschip geben. Ob er sich über diese kleine Geste freuen würde? Wäre das ein Zeichen von Toleranz gegenüber einem Fremdaussehenden?

Ach, wisst ihr, Leute vom Autorenkreis, nem armen Schriftsteller, der gerade an einer Schreib- und Denkblockade krankt, sollte man vielleicht ein einfacheres Thema vorgeben.

Vielleicht: „Was macht ein Gänseblümchen im Winter?“ Oder so.

Punkt und aus.

Doch noch nicht aus – zweiter Teil:

Mir fällt gerade ein, was, wenn man dieses anspruchsvolle Wort einfach anders schreibt? Ich meine, ne richtige Rechtschreibung ist nicht unbedingt jedem gegeben.

Wie wäre es mit „tolle Ranz“? Das könnte unter Umständen einen völlig anderen Sinn ergeben. Das Paarungsverhalten einiger Wildtiere bezeichnet man, glaube ich, als Ranz.

Wenn man das nun wieder auf den Menschen überträgt, der von sich (immer nur mal angenommen) behauptet, er habe eine tolle Ranz gehabt. Wie sollte man das verstehen?

Jetzt lass ich es sein, ich liege vermutlich total daneben. Oder hat dir etwa dein Sohn erzählt, nachdem er das erstemal bei seiner Freundin genächtet hat, er hätte ne tolle Ranz gehabt? Und wenn diese Freundin dann auch noch eine sehr dunkle Hautfarbe hat, ist er dann tolerant?

Jetzt aber wirklich – Punkt und aus.

Eine Schulstunde im Jahr 2070

„Die Versteppung der ehemaligen Länder Sachsen-Anhalt, Sachsen und Brandenburg geschah rasend schnell. Nach vier Hitzesommern fast ohne Niederschlag und folgenden Wintern mit trockener Kälte bot sich im fünften Jahr in Folge bereits das hoffnungslose Bild einer zerstörten Landschaft. Wälder vertrockneten, aus Wiesen waren Sandflächen geworden. Hätte es etwas gegeben, das Sterben aufzuhalten?"

Der Vortrag des Lehrers stockte. Seine Hand mit dem Stock, mit der er Stichworte auf der zerkratzten Schultafel anzeigte, sank herunter. Verdammt, es fiel ihm noch immer schwer, darüber zu sprechen. Dabei war die Katastrophe bereits fünfzig Jahre her. Wie vielen Kindern hatte er wohl seit dieser Zeit in diesem auseinanderbrechenden Haus lesen und schreiben beigebracht?

Jetzt hockten dreizehn Kinder verschiedener Alters vor ihm und sahen ihn ungläubig an, wenn er über grüne Wiesen, leuchtende Getreidefelder und duftende Herbstwälder sprach.

Heute lebten nur wenige Menschen in diesen kargen Landstrichen. Trotz raffinierter Bewässerungssysteme existierte weit und breit nur eine Handvoll Oasen mit wenigen Gebäuden, in denen sich die verbliebenen Menschen drängten.

Wenn es einmal regnete, was selten genug vorkam, konnte das Wasser nicht in den Boden gelangen, es perlte an der vertrockneten Scholle ab. In den etwas feuchteren Oasen wurde es in Becken aufgefangen und in unterirdischen Kavernen gespeichert. Das war die einzige Möglichkeit, die Glut der Sommer und die Trockenheit der Winter zu überleben.

Ehemals große Städte waren verwaist und Gebäude um Gebäude stürzten in sich zusammen. Was war vom Goldenen Zeitalter geblieben? Nichts! Oder doch? In der Wüste gab es riesige Autofriedhöfe, über die sich der Sand gelegt hatte ... Heute bewegte man sich mit Eseln und einfachen Karren von einer Oase zur anderen. Damit wurden auch die wenigen Dinge, die man durch das Wiedererlernen alter Handwerkstechniken produzierte, transportiert.

Betreten blickten die Kinder auf ihren alten Lehrer. Vieles, was er sagte, verstanden sie nicht. Zu unwirklich klang es. Sie kannten nur dieses karge Leben, in dem eine zerschlissene Wolldecke eine Kostbarkeit war und in dem sie mit einer Mahlzeit am Tag auskommen mussten.

Ilja fand an einem Tag im letzten Mond ein flaches Kästchen im Sand. „Was ist das?"

Der Lehrer blickte auf das Kästchen und seufzte: „Ja, das war ein Telefon. Damit konnte man sich über viele Kilometer unterhalten. Die Worte flogen quasi durch die Luft. Fast jedes Kind besaß damals so ein Ding. Nun ja, vielleicht ist die Menschheit in tausend Jahren wieder so weit, um Telefone zu entwickeln. „Ja, Kinder", er seufzte, „seit es Menschen gab, über Jahrzehntausende hinweg, veränderten sich immer wieder weite Landstriche, sei es durch Klimaveränderungen oder Katastrophen wie Vulkanausbrüche, Erdbeben oder große Überflutungen. Menschen, die das überlebten, begannen ihre Geschichte bei Null neu zu schreiben. Uralte Zivilisationen, die man im damaligen Wüstensand entdeckt hatte, waren irgendwann in einst fruchtbaren Landschaften aufgeblüht, entwickelten sich zu Hochkulturen, um dann Jahrtausende später wieder im Nebel der Geschichte zu versinken.

Kluge Leute wussten das schon vor zweihundert Jahren, aber niemand nahm sie ernst.

Merkt euch, alles ist in stetem Wandel begriffen, nichts bleibt, wie es ist. Irgendwann, in ferner Zeit, werden sicher auch hier, in unserer Gegend, wieder Wälder rauschen. Und, Kinder, immer wenn Menschen maßlos und übermütig werden, tragen sie damit zum Untergang ihrer Zivilisation bei."

Zur Autorin

Interview mit mir selbst

Ich bin ...

Geboren?

„Aber ja! Natürlich!“

Geht‘s etwas genauer?

„Im Februar vor langer Zeit,
der Frost war hart, das Frühjahr weit.“

Hm, da ist ja nun vieles möglich ...

Und außerdem sollst du nicht dichten, sondern genaue Angaben machen.

„Noch genauer? Das ist genug! Wer legt darauf schon Wert!“

Verheiratet?

„Jipp! Und immer mit dem gleichen Mann.“

Kinder?

„Kinder? (Grins!) Männer mittleren Alters, einer blond, der andere schwarzhaarig. Witzig irgendwie. Das dritte Kind wäre vielleicht ein rothaariges Mädchen geworden.“

Bleib sachlich! Beruf?

„Jawoll, hatte ich. War für mich ne echte Berufung. Ich durfte mit Kindern arbeiten, die eine Förderschule besuchen.“

Was hast du mit denen gemacht?

„Ich habe mich bemüht, in Musik und Kunsterziehung eine gute Lehrerin zu sein.“

Genauer!

„In Musik: Chor, Singegruppe, Flötengruppe, Gitarrengruppe, im Zeichenunterricht die Kinder und Jugendlichen mit Ausschreibungen motiviert und viele Preise geholt.“

Ich denke, das waren Förderschüler?

„Eben. Deshalb muss man ja auch für eine solche Sache brennen. Und die Flammen schlugen ho ...“

Lass das!

Veröffentlichungen?

„Eine ganze Menge. Gedichte und Geschichten in Zeitungen, Zeitschriften, Anthologien, Krimis wie „Der Gärtner unterm Sargdeckel“, „Ehrbarkeit und Mördergrinsen“, und das fröhliche Buch „Röschen und die Buchstaben“, und ...

Reicht das nun?“

Vielleicht hättest du doch besser schreiben sollen: Wurde geboren als erstes und einziges Kind eines dunkelhaarigen Beamten und einer angehenden, blonden Lehrerin.

„Schrecklich! Schluss jetzt!“